U0886460

现代服务业与城市发展研究系列丛书

地区工资差异、外商直接投资与服务业结构高级化

陈　洁　梁向东　陈　颖　姚辉斌　著

中国财经出版传媒集团

经济科学出版社
Economic Science Press

·北京·

图书在版编目（CIP）数据

地区工资差异、外商直接投资与服务业结构高级化／陈洁等著．--北京：经济科学出版社，2024.4
（现代服务业与城市发展研究系列丛书）
ISBN 978－7－5218－5861－7

Ⅰ.①地…　Ⅱ.①陈…　Ⅲ.①工资差额－影响－服务业－产业结构－研究－中国 ②外商直接投资－影响－服务业－产业结构－研究－中国　Ⅳ.①F249.24 ②F832.6 ③F719

中国国家版本馆 CIP 数据核字（2024）第 088735 号

责任编辑：吴　敏
责任校对：王苗苗
责任印制：张佳裕

地区工资差异、外商直接投资与服务业结构高级化
DIQU GONGZI CHAYI、WAISHANG ZHIJIE TOUZI YU FUWUYE JIEGOU GAOJIHUA
陈　洁　梁向东　陈　颖　姚辉斌　著
经济科学出版社出版、发行　新华书店经销
社址：北京市海淀区阜成路甲 28 号　邮编：100142
总编部电话：010－88191217　发行部电话：010－88191522
网址：www.esp.com.cn
电子邮箱：esp@esp.com.cn
天猫网店：经济科学出版社旗舰店
网址：http：//jjkxcbs.tmall.com
北京季蜂印刷有限公司印装
710×1000　16 开　12 印张　210000 字
2024 年 4 月第 1 版　2024 年 4 月第 1 次印刷
ISBN 978－7－5218－5861－7　定价：58.00 元
（图书出现印装问题，本社负责调换。电话：010－88191545）

前　言

近年来，中国经济结构发生了重大变革，服务业已成为经济发展的重要动力，这不但有力增强了经济发展的稳定性，而且在很大程度上强化了经济发展的协调性。随着中国经济发展进入新时代，服务业在规模扩张的同时，更重要的是实现提质增效。理论研究表明，服务业结构高级化作为激活产业发展的新动能，既是深化供给侧结构性改革的关键突破口，也是推动经济高质量发展的主要支撑。但是，目前中国高附加值、高技术、高集约的现代服务业与新兴服务业发展不充分，服务业结构高级化程度不高。另外，由于中国各地区的服务业薪酬体制、服务业地方保护、服务业生产率等方面不尽相同，服务业地区工资差异明显。服务业地区工资差异一方面可能会扩大收入分配差距、挤压服务业企业的生产经营利润、增加成本负担；另一方面则可以通过资源配置规律、消费需求带动、企业成本推动、劳动者素质支撑等途径引导服务业结构高级化调整。此外，加入世界贸易组织后，中国加快服务业对外开放，服务业外商直接投资逐步增加。服务业外商直接投资不但可以破解服务业资本不足的难题，而且有助于加快服务业结构高级化升级。鉴于此，本书将深入分析服务业地区工资差异、服务业外商直接投资与服务业结构高级化的关系。

第一，详细解释服务业地区工资差异、服务业外商直接投资与服务业结构高级化的理论基础，包括概念界定、相关理论以及理论机制。其中，概念界定主要解释工资、工资差异、外商直接投资、服务业、服务业结构高级化的内涵；相关理论包括工资相关理论、国际直接投资理论、国际直接投资在发展中国家适用性理论、产业结构高级化相关理论等；理论机制重点阐述服务业工资影响服务业结构高级化的理论机制和服务业外商直接投资影响服务业结构高级化的理论机制。

第二，探究中国服务业地区工资差异和服务业外商直接投资的时空特征。从中国服务业地区工资差距的整体态势来看，受区域发展政策的影响，中国东部、中部、西部地区工资差异处于不断变化的状态。从中国服务业地区工资差异的测算结果可知，中国服务业地区工资总体呈现出“东高西低”的特点。从中国服务业利用外商直接投资的现状可以发现，改革开放以来中国服务业外商直接投资表现为上升态势，区域层面上服务业外商直接投资规模呈现“东多西少”的特征。

第三，分析中国服务业结构高级化的发展现状。中国服务业发展经历了初步探索阶段、探索恢复阶段、启动发展阶段、快速发展阶段、赶超发展阶段和超越发展阶段。当前，中国服务业结构高级化取得了一些成绩，但也存在一些问题。需要指出的是，从服务业工资和服务业外商直接投资视角来看，服务业结构高级化面临不少困境。

第四，检验服务业地区工资差异对服务业结构高级化的影响。研究结果表明：服务业地区工资差异与服务业结构高级化存在显著的倒“U”形关系；分地区的回归结果显示，服务业地区工资差异对服务业结构高级化的非线性倒“U”形影响集中在中西部地区；分行业的实证研究表明，公共服务业地区工资差异对服务业结构高级化的影响呈现出“U”形特征，而生活性服务业和生产性服务业地区工资差异对服务业结构高级化的影响呈现出倒“U”形特征。

第五，检验服务业外商直接投资对服务业结构高级化的影响。研究结果表明：服务业外商直接投资对服务业结构高级化具有显著的正向影响；面板分位数检验结果显示，服务业结构高级化处于低中水平的地区能从服务业外商直接投资增多中获得收益；分区域的面板分位数检验结果显示，服务业外商直接投资对服务业结构高级化的影响集中在东部地区，并且服务业外商直接投资对其内部结构高级化影响的边际效用呈现递减规律。

第六，进一步从服务业地区工资差异和服务业外商直接投资双视角，对服务业内部结构高级化进行实证检验。利用中国省级面板数据和面板分位数回归模型，检验发现：服务业外商直接投资在服务业地区工资差异与其内部结构高级化的关系中具有负向调节作用；分行业异质性检验表明，服务业外商直接投资对服务业地区工资差异与其内部结构高级化的倒“U”形关系负向调节作用集中在生产性服务业和生活性服务业；面板分位数回归模型检验显示，服务业外商直接投资对服务业地区工资差异与其内部结构高级化的倒“U”形关系负向调节作用主要分布在中分位点。

第七，总结美国、新加坡、日本、德国以及英国推动服务业结构高级化转型的经验。美国重点发展知识密集型服务业，并采取了强力措施。新加坡在2022年制定了《新加坡经济2030愿景》，强调通过抓住可持续经济和数字化趋势促进服务业发展和提高服务业内部层次。日本近年来通过大力发展生产性服务业推动服务业高端化和智能化，既加大生产性服务业与先进制造业的交融、合作、渗透，又优化生产性服务业内部结构，进而推动服务业逐渐从低层次向高层次演进。德国为提高服务业结构高级化水平，采取了一系列措施，包括积极推动科技与服务业的融合，依托实体经济发展服务业，大力发展数字服务贸易，建立健全的法律法规，以及促进服务业中小企业发展。英国经济结构倚重服务业，随着脱欧延宕、政府更迭，英国服务业内部结构不断转型，并呈现出新的特征，包括金融业在英国现代服务业中起主导作用，并带动其他相关产业的发展；伦敦都市圈服务业的空间分布呈现等级化、功能化和多极化特征；推动文旅产业融合；加快产业数字化转型；保持服务贸易顺差。

第八，提出促进服务业结构高级化的对策建议。分别从工资上升视角、地区工资差异视角和外商直接投资视角提出促进服务业结构高级化的对策建议。

目　　录

第1章 绪　　论

1.1 研究背景及意义

1.1.1 选题背景

新常态下，转型升级、提质增效的重要性凸显，服务业作为现代产业体系的重要组成部分，在促进经济发展中发挥着日益重要的作用。加快推动服务业转型升级既是当前应对国内外局势变化的主动举措，更是国家双循环新发展格局的重要支撑。"十四五"规划纲要更是提出把生产性服务业专业化和高端化、生活性服务业高品质化和多样化、服务业标准化和品牌化等作为服务业转型升级的重要发展方向。然而，中国服务业内部结构仍以传统服务业为主，高附加值、高技术、高集约的现代服务业与新兴服务业发展不充分，服务业结构高级化程度不高。近年来，由于中国各地区的服务业薪酬体制、服务业地方保护、服务业生产率等方面不尽相同，服务业地区工资差异明显，2020 年，北京、天津、上海等发达城市的服务业工资远高于其他地区。服务业地区工资差异一方面可能会扩大收入分配差距、挤压服务业企业的生产经营利润、增加成本负担；另一方面则可以通过资源配置规律、消费需求带动、企业成本推动和劳动者素质支撑等途径倒逼服务业结构升级，这意味着服务业地区工资差异必然会对内部结构高级化产生重要影响。此外，伴随着中国服务业的转型升级，越来越多的跨国企业开始增加对服务业领域的投资。根据商务部公布的数据，2020 年中国服务业实际使用外资金额达 7767.7 亿元人民币。服务业吸引外商直接投资（FDI）不但可以破解服务业资本不足的难题，而且有助于推动服务业结构调整和优化空间布局。鉴于服务业结构高级化与服务业地区工资差异、服务业外商直接投资（服务业 FDI）之间的密切关系，如何利用服务业地区工资差异和服务业外资投入来提升服务业结构高级化水平，已成为一个亟待解决的问题。

本书借鉴地区工资差异、外商直接投资、产业结构、产业空间布局等理论，厘清服务业地区工资差异、服务业外商直接投资与服务业结构高级化的理论基础，分析中国服务业结构高级化的发展现状，阐述中国服务业地区工资差异和服务业外商直接投资的时空特征，检验中国服务业地区工资差异、服务业外商直接投资对服务业结构高级化的影响效应，总结美国、新加坡、日本、德国和英国服务业结构高级化的经验，提出工资上涨视角下、地区工资差异视角下和外商直接投资视角下提升中国服务业结构高级化水平的对策建议。这对促进服务业向价值链高端跃升、带动经济结构调整转型、推动经济提质增效升级，具有很强的实践指导作用。

1.1.2 研究意义

（1）学术价值

第一，突破服务经济学中鲍莫尔的理论框架。鲍莫尔非均衡增长模型指出，工资上涨会导致服务业低效率，使得经济增长受阻。区别于鲍莫尔的观点，本书转换研究视角，探讨了服务业地区工资差异如何倒逼服务业向价值链高端跃升、带动服务业结构调整转型、推动经济提质增效升级的具体思路。

第二，丰富服务经济学的研究内容。深层次揭示服务业地区工资差异、服务业外商直接投资影响服务业结构高级化的机制，检验服务业地区工资差异、服务业外商直接投资对服务业结构高级化的影响效应，提出促进服务业结构高级化的对策建议。这不仅能拓展服务经济领域的研究成果，也可以深化要素供给的研究内容。

（2）应用价值

第一，进一步明确服务业结构高级化的方向。新常态下服务业已成为推动中国经济结构调整的主要动力之一，本书基于地区工资差异和外商直接投资双视角，明确指出了服务业结构高级化是中国经济持续健康发展的客观要求。

第二，创新服务业结构高级化的思路。2020 年 5 月 14 日，中共中央政治局常委会召开会议，首次提出了“构建国内国际双循环相互促进的新发展格局”。在新发展格局下，服务业结构高级化重点依托于要素市场的优化既是供给侧改革的必然要求，更是双循环新发展格局的重要支撑。因此，从地区工资差异和外商直接投资双视角寻找服务业结构高级化新的动力源，有助于破解服务业传统要素成本偏高、新型要素供给不足、结构升级驱动力单一等现实问题。

1.2　研究思路及方法

1.2.1　研究思路

本书从理论依据、现状分析、实证检验、国际比较等方面全面和系统地研究服务业地区工资差异和服务业外商直接投资对服务业结构高级化的“影响机制”“影响方向”“影响程度”“影响效应”等内容，最后提出提升服务业结构高级化水平的对策建议。

第 1 章，绪论：介绍本书的研究背景及意义、研究思路与内容、研究的主要方法、文献综述以及主要创新点。

第 2 章，理论基础：通过厘清有关概念的内涵、工资相关理论、国际直接投资理论、国际直接投资在发展中国家适用性理论、产业结构高级化相关理论、服务业工资影响服务业结构高级化的理论机制和服务业外商直接投资影响服务业结构高级化的理论机制，为本书的研究提供翔实的理论依据。

第 3 章，中国服务业地区工资差异和服务业外商直接投资的时空特征：分别从中国服务业工资的变化趋势、中国服务业地区工资差异的测算和中国服务业外商直接投资发展现状三个方面展开分析。其中，中国服务业工资的变化趋势主要分析服务业工资的总体变化趋势、分行业变化趋势和分地区变化趋势；中国服务业地区工资差异的测算包括省域层面和行业层面；中国服务业外商直接投资发展现状重点从总体层面、分行业层面和分地区层面阐释服务业外商直接投资发展态势。

第 4 章，中国服务业结构高级化的发展现状：首先，分析 1949 年至今中国服务业的发展历程，包括初步探索阶段（1949～1977 年）、探索恢复阶段（1978～1983 年）、启动发展阶段（1984～1991 年）、快速发展阶段（1992～2000 年）、赶超发展阶段（2001～2012 年）和超越发展阶段（2013 年至今）。其次，探究中国服务业结构高级化取得的成绩，重点从高端服务业能级提升、新兴服务业蓬勃发展、绿色服务业全产业链持续扩大、公共服务供给日益完善等方面进行分析。再次，阐述中国服务业结构高级化存在的不足，主要是传统服务业优势依然突出、生产性服务业发展不成熟、服务业高级化的地区差异明显。最后，从服务业工资视角和服务业外商直接投资视角解释中国服务业结构高级化面临的困境。

第 5 章，服务业地区工资差异对服务业结构高级化影响的实证检验：在理论分析的基础上，首先，初步检验服务业地区工资差异影响其内部结构高级化的总体效应；其次，进行稳健性检验和内生性检验；最后，分别从不同地区和不同行业检验服务业地区工资差异影响其内部结构高级化的异质性。

第 6 章，服务业外商直接投资对服务业结构高级化影响的实证检验：在理论分析的基础上，首先，检验服务业外商直接投资影响其内部结构高级化的总体效应；其次，进行稳健性检验和内生性检验；最后，利用面板分位数回归模型进行边际效用检验。

第 7 章，服务业地区工资差异、服务业外商直接投资对服务业结构高级化影响的实证检验：在第 5 章和第 6 章的基础上，首先，检验服务业地区工资差异、服务业外商直接投资对其内部结构高级化的影响及其调节作用；其次，进行稳健性检验和内生性检验；最后，进行分行业异质性检验。

第 8 章，服务业结构高级化的国际比较：以美国、新加坡、日本、德国和英国为例，考察典型发达经济体服务业发展的态势，总结经济现代化演进过程中服务业结构高级化的变化规律，以期为中国服务业结构高级化转型提供参考。

第 9 章，提升服务业结构高级化水平的对策建议：结合上述的理论依据、现状分析、实证检验以及国际比较，根据国家对服务业发展的要求，分别从工资上涨视角、地区工资差异视角和外商直接投资视角提出提升服务业结构高级化水平的对策建议。

1.2.2 研究方法

第一，文献研究法。依据西方经济学、产业经济学、国际经济学等学科的基础理论和专业知识，通过查阅文献掌握学术界对服务业地区工资差异、服务业外商直接投资与服务业结构高级化的研究动态。

第二，统计分析法。依据相关数据统计分析中国服务业结构高级化的发展现状，测算中国服务业地区工资差异，解释中国服务业地区工资差异的特征，厘清中国服务业利用外商直接投资的现状。

第三，实证研究法。利用相关计量软件，分别从全国、不同行业和不同区域多视角实证检验服务业地区工资差异和服务业外商直接投资影响服务业结构高级化的具体效应。

第四，经验总结法。归纳分析美国、新加坡、日本、德国和英国服务业结构高级化的经验，以期为中国服务业结构高级化转型提供参考，为提升中国服务业结构高级化水平提供有价值的经验。

1.3 文献综述

1.3.1 地区工资差异的相关研究

（1）城市层面工资差异

目前，不少学者探究了市场潜能、产业集聚对城市工资差异的影响。其中，部分学者重点关注市场潜能对城市工资差异的影响。刘修岩和殷醒民（2009）基于中国地级行政区域的面板数据，实证检验发现市场潜能外部性对地区工资水平具有显著的正向影响。陈博（2012）借鉴新经济地理学的相关理论，利用中国城市层面的面板数据，检验得出中国市场潜力与地区工资存在正相关关系。另外，还有一些学者主要研究产业集聚对城市工资差异的影响。杨仁发（2013）利用中国2003～2010年269个地级及以上城市的数据，运用空间集聚理论，采用系统广义矩估计方法进行分析。研究结果显示，制造业集聚和服务业集聚对地区工资水平的影响分别为负和正，同时不同类型的服务业集聚对地区工资水平的影响存在差异。王雪辉等（2016）利用中国285个地级市2004~2013年的面板数据，构建空间计量模型，探究产业集聚对地区工资差距的影响及其空间溢出效应。研究结果显示，从总体演变趋势来看，尽管中国地区工资水平的空间自相关性逐年减弱，但仍然较为显著。从产业异质性来看，制造业集聚会降低地区工资水平，但服务业集聚和共同集聚有利于提升地区工资水平。从空间特点来看，相邻地区间经济差距对地区工资水平的影响整体上大于单纯的地理空间上相邻对其的影响。王帅和周明生（2021）基于新经济地理学的自由资本模型，着重探讨中国制造业集聚对地区收入差距的影响。研究结果显示，制造业集聚对地区收入差距的影响呈倒“U”形特征，同时制造业集聚与地区收入差距的关系存在明显的区域异质性和阶段异质性。

随着研究的深入，有些学者从市场潜能和产业集聚双视角对地区工资差异进行了研究。李国璋和戚磊（2011）强调市场潜力对工资的正面影响主要来源于两个方面：一方面，市场潜力引发了经济集聚效应；另一方面，市场潜力产生了逆经济集聚。相较之下，经济集聚效应对地区工资水平与差异的提高和扩大具有更为显著的影响，这是因为经济集聚需要较低的贸易成本、更大的市场规模以及更高的经济发展水平。程中华和刘军（2015）采用中国2003~2012年285个地级及以上城市的数据，借助空间计量模型探究产业集聚和市场潜能对地区工资水平的影响。研究发现，制造业集聚会降低地区工资水平，与之相反，生产性服务业集聚和市场潜能对地区工资水平存在明显的提升作用。随着地理距离的增加，市场潜能对地区工资水平的影响呈现正向“N”形波动。

需要指出的是，还有不少学者从人力资本水平、城市群功能分工、互联网使用等方面分析了地区工资差异的影响。魏下海等（2011）利用中国202个城市的面板数据，运用相关计量方法，对中国城市工资差距的影响因素及程度进行了实证研究。研究发现，人力资本的确是影响中国城市工资差距的重要因素。文荣光和陈勇（2022）使用2005~2019年广东省及粤港澳大湾区城市数据，分析城市群功能分工和异质型人力资本对地区工资差异的影响。实证研究结果表明，城市群功能分工专业化程度和异质型人力资本水平都是解释地区工资差异的重要因素。孙梦婕（2023）运用中国综合社会调查数据和RIF分解法，探究互联网使用对地区间收入差距的作用。结果表明，提高互联网使用率会促进劳动者收入增长，但互联网使用对不同地区劳动者的收入促进作用存在差异。

（2）省级层面工资差异

现有文献表明，中国省级层面工资差异明显。高连水（2011）提出，在中国改革发展过程中，地区工资差距呈现阶梯形上升的趋势。虽然2006年以后，其差距略有下降，但地区工资差距依然明显。王开科等（2013）通过测算1980～2009年中国省域平均工资水平发现，过去30年中国省域平均工资的变化指数经历了两个阶段：第一阶段（1980～2002年）呈现出总体上升趋势，第二阶段（2003～2009年）呈下降趋势。陈雅琳和梁新潮（2016）以2001～2014年中国30个省（区、市）的工资水平为研究对象，运用空间计量经济学方法，通过空间误差面板数据模型来研究工资水平与各省（区、市）经济指标之间的关系。结果表明，中国30个省（区、市）的工资水平与所选择的主要经济指标在整体上相匹配；在分区域的探究中，部分省（区、市）的工资水平较高，另外一部分省（区、市）的工资水平较低，但在统计上差异程度不显著，这也验证了各省（区、市）工资水平与经济指标的匹配性。金银亮（2017）认为，改革开放以来，中国省际工资差异总体上呈现先上升后下降的趋势，尤其是自2003年以来各省份之间的工资差异逐渐减小。尹向来等（2018）通过利用标准差椭圆法、探索性空间数据分析法以及空间计量模型，分析了中国省域城镇单位就业人员平均工资的空间分异、关联演化及影响机制。研究结果表明，省际工资水平的基尼系数和相对差异先增加后减少，并呈现出东部地区高于中西部地区的总体时空特征；此外，南北方向的空间差异较大，标准差椭圆变化幅度较小，方向趋势先减弱再增强。

关于省级层面工资差异的影响因素，学者们从不同视角进行了探讨。张建红等（2006）以29个省（区、市）为研究对象，通过模块数据并运用空间计量方法，检验了中国自改革开放以来省级层面工资非均衡发展的政策体制因素和经济因素的影响效应。王开泳等（2015）试图从宏观市场潜能、微观劳动生产率以及外部不经济三个方面解释路径依赖特征、锁住效应及其弱化对省级层面地区间工资水平的影响。陈勇和柏喆（2018）选取了1988年、1995年、2002年以及2013年中国家庭收入调查（CHIP）微观数据，考察了中国地区工资差异的变化趋势。研究表明，1988～2013年中国地区工资差异扩大，尤其是高技能劳动者地区的工资水平偏高；同时，技能偏向型技术进步是导致地区工资差距扩大的主要因素。

此外，还有学者利用省级面板数据，重点检验了东部、中部和西部地区的地区工资差异。李斌和胡昆鹏（2011）构建实证模型，利用2001～2008年中国30个省级面板数据，实证分析了市场准入、进出口依存度、外资依存度对中国工资空间差异的影响。研究结果显示：市场准入是导致中国工资空间差异的重要因素，进口依存度、外资依存度在一定程度上扩大了工资的空间差异，出口依存度对区域工资差异有一定的缓解作用。何雄浪和杨霞（2012）以新经济地理学的空间工资结构理论为基础，通过实证分析发现，市场开放度的增加对工资增长有贡献作用。从不同区域来看，东部地区的贡献度高于中西部地区；人力资本的贡献效应则与之相反；劳动生产率和外商直接投资的增加对工资增长的贡献效应在不同地区的差异并不明显。吴燕（2013）使用1997～2008年中国30个省（区、市）的面板数据建立动态面板模型，分析外贸外资对中国地区工资差异的影响。实证结果表明，全国以及东部、中部和西部地区的工资均具有动态效应；全国和东部地区的外贸外资对地区工资产生显著影响；中部地区的外资对地区工资产生显著影响，但对该地区工资的影响不明显；西部地区的外贸外资对地区工资均没有产生显著影响。

（3）城乡工资差异

当前，不少学者探究了城乡工资差异的影响因素，包括城市化、对外贸易、收入结构、户籍歧视、教育、金融、电商等。

在城市化方面，魏君英和何蒲明（2015）研究发现，1979～2011年，随着城市化水平的提高，中国城乡居民收入差距逐渐增加。然而，中国的城市化进程在2003年后出现了转变，从2004年开始，随着城市化水平的不断提高，中国城乡居民收入差距扩大的趋势开始逆转。张建涛（2017）使用1990～2015年陕西省城镇化率、城乡居民收入结构等统计数据，通过实证检验发现，从不同类型的收入来看，城镇化对城市居民收入、农村居民收入以及城乡居民收入差距的影响均存在差异。具体来说，在城市居民收入方面，城镇化对转移性收入的影响最大，对财产性收入的影响最小；在农村居民收入方面，城镇化对经营性收入的影响最大，对财产性收入的影响最小；在城乡居民收入差距方面，城镇化对财产性收入差距的影响最大，对转移性收入差距的影响最小。

在对外贸易方面，孙永强和万玉琳（2011）强调，对外贸易在很大程度上会影响中国城乡居民收入差距。1978～2008年，中国城乡居民收入差距扩大的主要原因是对外贸易的不断发展。然而，这种影响存在明显阶段差异和区域差异。吕龙龙和范王榜（2016）围绕进出口与城乡居民收入差距的关系展开研究，检验发现，出口扩大了城乡居民收入差距，而进口则缩小了城乡居民收入差距。韦开蕾等（2014）分析了外商直接投资对中国城乡居民收入差距的影响。研究结果显示，城乡居民收入差距与人均地区生产总值呈现倒“U”形的关系，而城乡居民收入差距与外商直接投资呈现“U”形关系，并且外商直接投资滞后一期的影响不显著。

在收入结构方面，何茜（2020）从收入结构的角度，对城乡居民收入差距进行了分解，主要从绝对差距和收入比两个方面进行考察。研究指出，劳动性收入是城乡居民收入差距的主要来源，其次是转移性收入和财产性收入。方毅等（2021）基于中国家庭追踪调查（CFPS）的家庭追踪数据，并结合国家统计局的相关数据，发现在不同分位数条件下，农村居民的工资性收入、经营性收入、财产性收入和转移性收入对中国城乡收入差距的影响存在差异。

在户籍歧视方面，孟凡强和邓保国（2014）采用分位数回归与分解方法，深入分析了中国城乡工资差异与户籍歧视的问题。研究发现，在全国范围内，城乡工资差异在工资分布的不同位置呈现不对称现象。随着工资分布由低分位数向高分位数上升，城乡工资差异趋于缩小，这一变化趋势主要是由户籍歧视所引起的。李亚冰等（2023）基于两极分解的Brown方法，并结合CFPS微观调查数据，研究发现农民工就业仍然存在户籍歧视。在同一行业内，农民工更多地集中在低层级职位，但户籍歧视的程度正在逐步改善。从不同类型的企业来看，私营企业对农民工的户籍歧视相对较为严重，而政府部门/事业单位的户籍歧视程度相对较低。

在教育方面，赵利等（2018）利用中国家庭收入调查（CHIP）数据库2002～2007年的调查数据，运用双重差分法，探究高校扩招前后城市和农村高学历劳动力的相对工资变化，其研究结果验证了高校扩招政策对城乡收入差距的关键影响。与此相似，马万里（2014）也指出，城乡居民受教育程度差异的确是影响城乡收入差距的重要因素。

在金融方面，张立军和湛泳（2006）认为金融发展主要通过三个途径影响城乡收入差距，分别是金融发展的门槛效应、贫困降低效应以及金融发展的非均衡效应。熊逍遥（2023）运用2011～2020年中国省级面板数据，采用个体固定效应模型，实证分析数字普惠金融对城乡收入差距的影响效应和作用机制。研究结果显示，数字普惠金融在缩小城乡可支配收入差距和城乡工资收入差距方面发挥了积极作用。

在电商方面，张磊和韩雷（2017）基于中国2002～2013年省级面板数据，采用系统广义矩估计方法，研究中国电商经济发展对城乡居民收入分配的影响。结果显示，电商经济的发展显著提高了社会个体的经济参与度，促进了城乡居民收入水平的显著提升。黄先海等（2022）基于长三角2011～2020年41个地级市面板数据进行多期双重差分回归分析，发现跨境电商综合试验区建设明显缩小了城乡收入差距，其中跨境电商创业活力和生产性服务业的集聚是其影响城乡收入差距缩小的重要机制。

此外，还有学者综合多因素探究城乡工资差异。孙永强和巫和懋（2012）采用二元分析框架，研究中国出口结构、城市化与城乡居民收入差距之间的关系。研究认为，出口结构的优化可能导致城乡居民收入差距扩大，而城市化过程有望缩小这一差距。同时，出口结构的改善可能推动城市化，通过城市化这一中介变量可以间接缩小城乡居民收入差距。孙宁华和姚燕（2013）基于新古典增长理论，构建了一个动态一般均衡模型来研究财政支出倾向、金融市场失衡和城乡收入差距之间的关系，并使用1996～2010年中国的宏观经济统计数据来校准参数和进行数值模拟。研究结果表明，在其他因素不变的情况下，城乡金融市场发展的差异对城乡收入差距有显著影响，次之是财政支出倾向的影响。司秋利和张涛（2021）基于2017年中国家庭金融调查（CHFS）微观数据，运用无条件分位数回归和Oaxaca－Blinder分解法研究教育回报、户籍歧视与城乡工资差距之间的关系。研究发现，教育不仅存在“马太效应”，也存在“公平效应”。具体来说，高等教育有助于不同收入群体的农村居民突破户籍限制，提高其教育收益率，从而显著缩小中等收入以下群体在城乡工资方面的差距。此外，随着教育程度的提高，工资收入差距逐渐扩大，但与此同时，所受的户籍歧视也越来越少。

1.3.2 外商直接投资区位选择的相关研究

（1）外商直接投资在不同区域的分布

目前，学术界普遍认为中国外商直接投资表现为“东高西低”的特点（刘荣添、林峰，2005；李国平、陈晓玲，2007）。周玉翠等（2006）观察到自改革开放以来中国吸引外商直接投资快速增长，尤其在东部沿海地区，如广东、江苏、上海、福建、山东、辽宁、浙江、北京、天津等。徐雪（2010）强调外商直接投资在中国经济发展中发挥关键作用，但其在各省（区、市）的分布极不均衡，因此不同地区需要制定差异化外商直接投资策略以提高竞争力。此外，一些学者更专注于对中部和西部地区外商直接投资的研究。许丽明（2012）使用面板数据模型，对两个时间段内（1993～2003年和2004～2009年）中部六省外商直接投资区位选择进行了实证研究。研究结果显示，影响中部地区外商直接投资的因素是动态变化的，从长期来看，外商直接投资累计、人力资本、劳动力成本优势、地区基础设施水平、市场化程度、市场规模等将是投资者考虑的重要因素。熊广勤和殷宇飞（2014）重点探究了西部地区外商直接投资，指出西部各省（区、市）外商直接投资分布不均衡，这与地区规模经济、劳动力成本、城镇化水平等多种因素有关。

随着研究的深入，有学者进一步探究了不同产业的外资区位选择。张宇馨（2012）利用中国2000～2009年的19个省际面板数据，研究了制造业外资和服务业外资区位决策的影响因素。研究发现，制造业外资更偏向于经济规模大、劳动力成本低的地区，而服务业外资更看重服务业发展水平高、人均收入水平高的地区。陈艳莹和董旭（2013）利用中国省级细分行业面板数据，并结合存量调整模型对服务业和制造业外商直接投资的区位选择进行了探究。结果显示，服务业外商直接投资更加注重基础设施水平与注重市场规模，而不是服务业集聚度。与此不同，制造业外商直接投资除了受劳动力成本与市场规模的影响外，还会受制造业集聚度的影响。

（2）外商直接投资效应

当前，学术界关于外商直接投资效应的研究主要集中于空间效应、竞争及溢出效应、第三方效应、空间竞争的非对称效应等方面。蒋伟和赖明勇（2009）选取了中国244个地级及以上城市为样本，运用空间计量经济学方法对外商直接投资的区位决定进行实证研究。检验结果表明，一个城市吸引外商直接投资不仅受自身区位条件影响，还与周边城市的外商直接投资呈正相关。这一研究结果强调了外商直接投资在中国城市分布中受到空间相关性的影响，凸显了城市间相互关联的重要性。杨海生等（2010）围绕外商直接投资区位选择中的“第三方效应”展开研究，指出该效应既可以反映中国外商直接投资在不同省（区、市）的空间分布特征，也可以较好地解释各地区外商直接投资的战略布局。吴新生和梁琦（2017）选取了2005～2013年39个“一带一路”沿线国家的投资空间面板数据，对影响外商直接投资区位分布的因素进行经验分析。研究结果显示，“一带一路”沿线国家的投资活动受“第三方效应”的影响明显，并呈现出显著空间集聚的特征。该研究揭示了“第三方效应”在外商直接投资区位选择中的重要作用，为更深入地理解全球投资格局提供了有益的见解。李连波（2017）提出，在全面对外开放的格局下，外商直接投资对各地区技术溢出效应与竞争效应的影响存在显著差异。曹祯庭（2022）探究了地区异质性特征对省际外商直接投资空间竞争的非对称效应，研究结果显示：中国省级政府在外商直接投资方面存在显著的正向空间竞争行为；财政分权度高的省份通常拥有更多财政权力，可用以调整优惠政策从而获得竞争优势；对外开放度高的省份，对外交往频繁，对外商直接投资的变化较为敏感。这些发现深刻剖析了中国省际外商直接投资空间竞争的多重维度，对于引导省级政府科学调整对外投资政策具有重要的启示。

（3）影响因素

现有文献指出，影响外商直接投资的因素颇多，包括土地、劳动力、金融发展、基础设施、制度等方面。

在土地因素方面，朱文涛和顾乃华（2018）采用空间杜宾模型，围绕土地价格与外商直接投资展开研究，空间计量结果显示，土地价格与外商直接投资呈现倒“U”形特征。郭娟娟等（2020）以地级市房价、中国对外直接投资名录以及中国工业企业数据库相关数据为基础，检验了房价上涨对中国制造业企业外商直接投资的影响效应及其作用机制。研究结果表明，在克服内生性问题后，房价上涨对中国制造业企业外商直接投资存在显著的正向影响，并且发现劳动力成本效应是房价上涨推动制造业企业外商直接投资的主要渠道；房价上涨也引起了制造业企业外商直接投资的增加，进而提高了资源配置效率，促进了地区产业升级。

在劳动力方面，刘凯等（2016）对东道国劳动力异质性展开考察，从劳动力规模、劳动力质量、劳动力成本以及劳动力结构四个维度深入分析了对外商直接投资的影响。谷媛媛和邱斌（2017）利用省级面板数据重点分析了国际人才流入对外商直接投资区位分布的影响。研究发现，国际人才流入对地区外商直接投资水平具有显著正向影响，但在不同区域存在差异。同时，国际人才流入与企业经营环境和地理集聚水平之间存在替代效应，说明国际人才流入在一定程度上可以弥补企业经营环境和地理集聚水平不足所带来的负面影响。

在金融发展方面，吕朝凤和毛霞（2020）以城市商业银行的设立为自然实验，利用双重差分法系统地考察了地方金融机构对外商直接投资区位选择的影响。研究结果显示，城市商业银行的设立有助于吸引外商直接投资。与此同时，城市商业银行的设立有利于提高企业获得银行贷款的概率，进而缓解企业融资约束对外商直接投资区位选择的影响。魏作磊和陈璋玲（2022）运用2008～2018年的数据实证检验了外资银行进入对中国吸引外商直接投资的影响，结果显示，外资银行进入通过促进产业关联、降低信息不对称和融资成本等方式显著增强了中国吸引外商直接投资的优势。

在基础设施方面，周毓萍和崔秀丽（2004）构建经济模型，运用SPSS软件进行测算得出：铁路、公路、水运、航空货运量、邮电业务总量和电话拥有量对中国吸引外商直接投资具有不同程度的影响。姜巍和陈万灵（2016）利用东盟七个发展中国家2000～2013年的面板数据和固定效应回归模型，深入分析了基础设施建设对外商直接投资区位选择的重要性和影响机理。研究结果显示，影响外商直接投资的区位选择主要有三大因素，分别是东道国基础设施的有效供给、市场规模或潜力、宏观经济稳定性，其中，东道国基础设施的有效供给是吸引外商直接投资的前提和保障。

在制度方面，涵盖了外资准入、财政透明、环境规制、创新政策等。刘春艳和赵军（2022）以中国266个地级市2004～2019年的数据为基础，实证分析了外资准入负面清单缩减对中国外商直接投资“稳存量”与“扩增量”目标实现中的作用。结果表明：外资准入负面清单缩减在很大程度上能够促进外商直接投资流入，此效应在中西部城市以及城市群中的城市体现更为明显，负面清单缩减不仅在“集约边际”上扩展，更在“广延边际”上实现拓展。储德银和姜春娜（2021）在理论分析的基础上，利用省级面板数据和空间面板模型实证分析发现，本地区和邻近地区的财政透明度提高有助于促进外商直接投资流入，从而对吸引外商直接投资产生积极的影响。周长富等（2016）指出环境规制对外商直接投资区位分布会带来显著负面影响，然而目前在中国，相关证据并不足以支持“污染避难所”假说，因为环境污染治理成本并不能抵消经济发展水平、管理成本、贸易成本等形成的比较优势。彭如霞等（2021）围绕珠三角核心区六市外商直接投资区位选择与创新政策环境展开研究，提出外商直接投资企业可分为解析型、合成型和象征型三种类型，指出外商直接投资区位选择会受到创新政策协同度与创新政策强度的正向影响，并且创新政策协同度越强，该区域成为解析型外商直接投资与合成型外商直接投资选择对象的概率就越高。

1.3.3 产业转型升级的相关研究

（1）产业转型升级的影响因素

产业转型升级是经济高质量发展的主要内容，早期的研究较多利用配第－克拉克定理（Clark，1940）、库兹涅茨产业结构论（Kuznets，1971）、罗斯托模型（Rostow，1960）等传统理论分析农业、工业向服务业转变的意义，关于产业转型升级的影响因素，当前学术界主要从以下几个方面展开研究。

第一，产业集聚对产业转型升级的影响。沈宏亮等（2020）研究发现，未考虑中介变量外商直接投资时，产业集聚对产业升级具有显著正向影响；然而，在考虑中介变量外商直接投资的情况下，产业集聚对产业升级的影响受到外商直接投资的制约。这表明，加入外商直接投资后，产业集聚与产业升级之间呈现非线性关系。张治栋和黄钱利（2021）运用长三角面板数据，分析了产业集聚对产业转型升级的影响。研究结果表明，制造业集聚既能提高产业结构合理化水平，也能提高产业结构高级化水平；生产性服务业集聚主要是提高产业结构高级化水平；两业协同集聚主要是提高产业结构合理化水平。空间效应检验显示，制造业集聚、生产性服务业集聚以及两者的协同集聚对本地及周边地区的产业结构优化升级产生不同的影响。

此外，由于生产性服务业是产业转型升级的重要产业，因此，学术界不少学者从生产性服务业集聚视角探究产业转型升级。温婷（2020）以地级市为研究样本，通过建立经济距离和地理距离权重，采用空间计量模型检验发现，生产性服务业集聚不仅对本地区的产业结构升级具有显著正向影响，还对邻近地区的产业结构升级表现出积极作用。同时，从生产性服务业内部行业来看，信息服务业集聚对本地区和邻近地区产业结构升级的正向影响效应最为显著。裴耀琳和郭淑芬（2021）以资源型城市和非资源型城市为研究对象，采用产业结构合理化和高级化衡量产业结构转型。研究结果显示，无论是在资源型城市还是非资源型城市，生产性服务业集聚都有助于推动产业结构转型升级。门槛检验发现，在资源型城市中，生产性服务业集聚对产业结构合理化和高级化的积极作用在资源禀赋较高时会加强；而在非资源型城市中，生产性服务业集聚对产业结构合理化的积极作用在资源禀赋较高时会削弱，对产业结构高级化的积极作用在资源禀赋较高时会增强。

值得指出的是，还有不少学者研究了某一特定行业集聚对产业转型升级的影响。赵蕾等（2020）探讨了山东省物流业集聚对产业结构升级的影响，并指出两者之间存在长期均衡关系。研究结果表明，从长期的角度来看，物流业集聚对产业结构升级有着显著的正向作用；而在短期内，物流业集聚对产业结构升级的影响则呈现一定的波动性。孙雅琪和张旭（2021）通过构建动态面板模型和面板门槛模型，深入研究了金融集聚与产业结构优化升级的关系。研究发现，金融集聚、制度环境与产业结构优化升级呈正相关关系，但两者的交互项与产业结构优化升级呈现非线性关系。门槛回归结果表明，在以制度环境为门槛变量的情况下，金融集聚对产业结构优化升级存在明显的非线性影响。异质性检验结果表明，在东部、中部和西部不同区域，金融集聚对产业结构优化升级的影响不同。

第二，对外开放对产业转型升级的影响。当前，不少学者研究了外商直接投资与产业转型升级的关系。开元（2020）根据相关理论和数据，采用产业结构合理化和高级化两大指标来评估产业转型升级，研究结果表明，外商直接投资的增加不仅有助于促进中国产业的协调发展，还能推动中国产业向高端化迈进。王硕和刘刚（2020）基于空间经济学原理，重点探讨了外商直接投资如何通过产业集聚影响产业结构优化，研究发现，外商直接投资通过产业集聚效应，包括资本积累效应、技术溢出效应和规模经济效应，能够有效地推动产业转型升级。此外，还有学者探究了对外贸易与产业转型升级的关系。朱炳钦和李志翠（2020）以广东省为研究样本，利用VAR模型检验发现，对外贸易的演变与产业结构转型方向一致，即对外贸易结构与产业结构存在相互影响。马晓青（2021）以安徽省为研究样本，从结构主义视角出发，深入分析了对外贸易与产业结构的关系，并强调对外贸易结构转型与产业结构优化密不可分。随着研究的深入，有学者从外商直接投资和对外贸易双视角探究产业转型升级。颜建军和冯君怡（2020）指出，对外贸易有助于促进第二产业的发展，外商直接投资可以带动第三产业的发展。区域检验显示，对外贸易对中西部地区的第二产业和东部地区的第三产业有显著的积极影响，而外商直接投资仅对西部地区第三产业表现为促进作用。中介效应检验揭示，对外贸易可以通过资源禀赋影响产业结构，外商直接投资可以通过创新研发影响产业结构。李红梅和聂静怡（2020）以新疆为研究对象，从理论和实证视角探究了对外贸易与外商直接投资对产业转型升级的影响。理论分析显示，对外贸易通过技术赋值和资源配置双重作用有助于促进产业转型升级，外商直接投资则通过产业关联、行业示范、资本积累等效应有助于推动产业转型升级。实证检验结果表明，短期内对外贸易和外商直接投资对产业转型升级发挥了显著促进作用，从长期来看，对外贸易带来的积极作用逐渐减弱、外商直接投资带来的正面影响不稳定。

第三，数字经济对产业转型升级的影响。随着数字经济的加速发展，学术界关于数字经济与产业转型升级的研究越来越多。张于喆（2018）明确指出，当前数字经济是推动中国产业向中高端升级的关键力量。因此，实现产业转型升级需要从数字化改革入手，逐步提升实体经济的智能化、网络化和数字化水平，以增强产业核心竞争力。李晓钟和吴甲戌（2020）构建了数字经济发展水平的指标系统，通过相关数据的测算，实证检验中国数字经济发展水平与产业结构转型程度之间的关系。研究结果表明，数字经济的发展确实能够推动中国产业结构升级，但在不同地区存在显著的差异。同时，数字经济发展与产业结构转型之间呈现出非对称性的互动关系。林宇豪和陈英葵（2020）从要素流动角度解释了数字经济通过要素流动影响产业结构升级的作用机理，并采用空间计量模型进行实证检验，发现数字经济发展水平的提高有助于促进本地区产业结构升级。李英杰和韩平（2021）从产业数字化、数字产业化和数字基础设施揭示了数字经济发展对产业转型升级影响的区域差异，研究表明，在东部地区和中部地区，数字基础设施的影响效果最为显著；而在西部地区，产业数字化的影响效果最大。王凯（2021）指出，数字经济发展主要通过提升劳动力能力和资本配置能力来推动产业转型升级。从不同地区来看，东部地区主要依赖于资本配置能力，而中西部地区则更加依赖于劳动力配置能力。

第四，其他影响因素，包括生态文明、城镇化、技术创新等。林黎和钟鑫（2020）从生态文明视角出发，阐述了生态文明与产业结构转型升级之间的理论逻辑，明确指出产业结构生态化是中国实现高质量发展的必然要求。王雨婷（2020）利用AMOS21.0和SPSS20.0软件，以长江经济带为研究对象，运用结构方程模型检验城镇化对产业结构升级的影响。研究结果表明，城镇化对产业结构升级有显著的正向促进作用。宋来胜（2021）采用GMM模型和DEA方法，实证检验了湖北省技术创新对产业转型升级的影响。研究发现，实用新型专利对产业结构升级的影响显著，而外观设计专利和发明专利的影响不显著。因此，技术创新政策体系的完善应该从多个方面着手。

（2）产业转型升级的具体测度

范艳丽等（2008）利用“三合一”的方法对中国产业转型升级的演变进行了详细测算。冯乐乐（2019）采用面板数据以及全流程多维系统评价模型，详细测算了中国产业结构优化水平。研究结果表明，经济发展水平与产业结构优化之间并不是绝对的正相关关系；从整体上看，中国产业结构优化水平是在不断上升的，但是不同省（区、市）在产业结构优化过程中呈现出不同的特点。除此之外，研究还发现，在产业结构优化的过程中，合理化、高度化和高效化三个方面的优化进度不协调，这就需要各地区采取合理的措施，进一步提升产业结构的优化水平。鲁朝云（2019）通过构建产业结构偏离度，对广东省1978～2017年的产业结构优化水平进行了测算。李东海（2020）采用层次系数法和泰尔指数法，分别评估了产业结构高级化和产业结构合理化水平，从而判断产业结构的优化程度。高华兵等（2020）基于转型升级指数、产业结构超前系数和Lilien指数，详细测度了江西省产业转型升级的水平、方向和速度。研究结果表明，“十三五”期间，江西省产业转型升级水平、方向和速度呈现出同步发展的趋势。张莎娜等（2021）从产业结构新动能、高效化、合理化和高级化四个方面建立了指标体系，评估了产业转型升级的情况。陆小莉等（2021）采用改进技术复杂度的方法，构建了中国产业转型升级效果的指标体系，并重点从行业发展质量和比较优势两个方面进行测度，结果显示，中国产业转型升级不仅具有“东高西低”的区域特征，而且还存在显著的行业差异。

1.3.4 服务业转型升级的相关研究

随着服务业分工的细化，服务业转型升级的研究重点逐渐由产业间结构转化为服务业内部结构。其研究主要沿着三个方面的思路展开。

第一，服务业内部结构调整的衡量指标。马风华和李江帆（2016）从服务业结构变化幅度指数、服务业结构合理化指数、服务业结构高级化指数和服务业结构相似度指数四个方面测度了中国服务业结构的调整。顾伟男等（2017）从服务业增加值所占比重、服务业从业人员所占比重和生产性服务业从业人员所占比重三个方面构建指标体系来衡量服务业结构。张建华和郑冯忆（2020）利用有效结构变化指数探究了中国服务业内部结构升级的影响效应，指出有效结构变化指数对服务业就业和产值起到促进作用，但对服务业平均工资和劳动生产率起到抑制作用。此外，不同类型服务业的有效结构变化指数对服务业就业、增加值、平均工资和劳动生产率的影响存在差异。朱文娟和王珮（2020）通过构建社会网络分析模型测算了中国服务业的内部行业联系以及服务业与制造业的产业间联系，研究发现要推动服务业内部结构优化，就需要保持服务业的内部行业均衡发展。

第二，服务业内部结构的演变趋势。具体来说，一方面，新型服务业态不断涌现（Meliciani and Savona，2012；Reinert，2014）。黄婷婷（2015）强调，在互联网背景下，现代服务业呈现出一个复杂的网络生态系统，并进一步指出基于网络生态视角，现代服务业的业态存在主体关系复杂性、创新环境复杂性、新技术不确定性等特点，同时现代服务业呈现出多元化业态发展趋势。张磊和刘长庚（2017）指出，服务业的新业态发展并不是单纯依靠需求或者供给，而是应积极推进供需结构相互匹配。同时，服务业新业态可通过平台经济、体验经济、分享经济促进消费结构升级，从而促进服务业内部结构转型。朱雁春和杨巧媛（2018）指出，高科技技术的发展和消费者需求的增多促使现代服务业不断发展，新业态层出不穷，并从生态视角进一步分析了现代服务业业态多样化与业态集聚性的联系，指出现代服务业的业态发展应从市场环境和企业内部出发，使其更好地适应生态环境。刘学圣（2019）强调，伴随着中国服务经济的日益发展，服务消费新业态发展态势良好，并呈现出独有的特征，这对中国消费升级起到了重要的推动作用。为此，中国应加大创新服务供给方式、提升消费理念、缩小城乡收入差距、强化法治建设。于凤霞等（2019）指出，信息技术的发展使得服务业内部分工出现重大改变，并呈现出一系列服务业新模式和新业态，这有利于服务业转型升级。但是，新业态存在管理理念落后、应急处理机制不足、消费者个人信息外泄严重等一系列问题，会阻碍服务业转型升级。

另一方面，服务业内部行业的就业和产出逐渐向知识密集型行业集聚（Fernands，2009；Gallego and Maroto，2015），尤其是服务业细分行业的增多促进了生产性服务业的不断发展（Dey and Houseman，2012；Schiller et al.，2015）。霍鹏等（2018）明确指出了知识密集型服务业对经济发展的作用，并提出中国知识密集型服务业的集聚态势明显且呈逐年递增的趋势。此外，从不同区域来看，知识密集型服务业集聚具有区域差异，中西部地区集聚度低于东部地区。从影响因素来看，信息化程度、经济开放程度、制造业集聚等因素会影响知识密集型服务业集聚，但对不同区域的影响也存在一定差异。史安娜和刘海荣（2019）实证检验指出，在长三角城市群中，知识密集型服务业的辐射呈现梯度特征。此外，从空间布局来看，知识密集型服务业布局合理。曹聪丽和陈宪（2019）利用中国城市面板数据，运用空间计量经济学实证检验发现，生产性服务业发展对经济增长的影响显著，并且随着城市规模的不断扩大，其影响效应会受到人口规模和发展阶段的制约。

第三，服务业转型升级的原因解释，包括国民收入与需求收入弹性（Falvey and Gemmel，1996；Carvalho and Pereira，2015）、服务业产业关联（Francois and Woerz，2007；Pindyuk，2013）、生产率异质性增长（Bosworth and Triplet，2001；Biege et al.，2013；Hornbeck and Moretti，2015）。从国内研究来看，部分学者侧重于研究需求对服务业结构的作用，指出服务业转型升级主要源于需求规模和需求结构的驱动。肖文和樊文静（2011）从需求视角详细分析了中国生产性服务业发展的现状，并通过实证检验指出制造业的需求会影响生产性服务业内部结构的优化。唐荣和冉珍梅（2019）基于价值链视角，研究发现不同类型的制造业需求对生产性服务业的影响存在差异，劳动/资源密集型制造业需求表现为挤出效应，而资本/技术密集型制造业需求表现为挤入效应。因此，促进生产性服务业发展，优化服务业内部结构，需要考虑不同类型制造业需求对生产性服务业影响的差异性。此外，也有不少学者从供给因素入手来探究服务业转型升级，这些供给因素具体涵盖了科技创新、服务创新、制度创新、业态创新等。陈瑞萍（2017）详细分析了科技创新驱动对中国高端服务业的集聚效应，指出创新能促进服务业转型升级，并且应引进优秀人才、注重科技力量以及构建良好环境。夏杰长和肖宇（2018）重点从服务创新视角阐述了服务业转型升级，并指出服务创新的数字化、平台化、融合化、标准化以及品质化有助于服务业转型升级。唐保庆等（2018）基于知识产权保护制度视角，从理论和实证上详细探究了服务业内部结构的优化升级。研究发现，知识产权保护制度影响服务业内部结构优化的关键渠道是知识密集型服务业；另外，不同区域知识产权保护制度对服务业内部结构优化的影响效应不同。胡晓鹏（2020）指出，线上经济业态、“互联＋”创新业态既能改造传统服务业，也能发展现代服务业，还能加速服务业内部各行业以及其他产业融合发展，从而推动服务业内部结构升级。

1.3.5　文献简评

通过对相关文献的梳理可以发现，当前国内外学者对地区工资差异、外商直接投资、产业结构转型升级的研究较为丰富，但在探究服务业转型升级尤其是服务业结构高级化时，很少有研究同时考虑服务业地区工资差异与服务业外商直接投资。基于此，本书的贡献主要体现在三个方面。

一是从服务业地区工资差异和服务业外商直接投资双视角深入探究服务业结构高级化。目前，关于服务业结构高级化的研究文献虽然不少，但同时涉及服务业地区工资差异和服务业外商直接投资的研究欠缺，现有文献未解决服务业地区工资差异与服务业外商直接投资对服务业结构高级化“是否影响”，也未解决“影响机制”“影响程度”“影响效应”等问题。

二是增强理论分析。以制度化理论、内部化理论、比较优势理论等为基础，将服务业地区工资差异和服务业外商直接投资纳入统一的研究框架，提出研究假设，从理论层面围绕服务业地区工资差异和服务业外商直接投资影响服务业结构高级化展开解释，进而增强服务业结构高级化的理论支持。

三是论证服务业地区工资差异和服务业外商直接投资影响服务业结构高级化的效应。在理论分析的基础上，运用中国省级面板数据，从角度值视角构建服务业结构高级化的衡量指标，采用计量经济学方法进行实证检验，为服务业结构高级化提供新的经验证据。

1.4 主要创新点

第一，在同一框架内探究服务业地区工资差异、服务业外商直接投资与服务业结构高级化的关系。突出服务业地区工资差异、服务业外商直接投资与服务业结构高级化的交叉契合研究，从要素供给侧视角寻找新常态下服务业结构高级化的动力源，实现研究思路上的创新。旧常态下的服务业结构高级化模式难以为继，本书将突破服务业结构高级化的传统途径，探讨服务业地区工资差异与服务业外商直接投资影响服务业结构高级化的机制及对策。

第二，从多方面检验服务业地区工资差异和服务业外商直接投资对服务业结构高级化的影响效果。考虑到服务业地区工资差异、服务业外商直接投资与服务业结构高级化之间并非是简单的线性关系，因此，本书将重点检验服务业地区工资差异、服务业外商直接投资影响服务业结构高级化的非线性特征、异质性特征、空间特征等。

第三，从要素视角提出推动中国服务业结构高级化的对策选择。积极推进供给侧结构性改革有助于实现要素供给优化和服务业转型升级的双赢。本书从供给侧入手，基于服务业工资上升视角、服务业地区工资差异和服务业外商直接投资视角，提出提升服务业结构高级化水平的具体对策建议，这为中国服务业高质量发展提供了新的思路。

第2章　理论基础

2.1　概念界定

2.1.1　工资

当前，一些国际机构对工资的内涵进行了界定。例如，国际劳工组织（ILO）将工资界定为：劳动者在工作时间和非工作时间得到的含带薪病假以及年假的常规报酬。随着劳动者个人技能的逐渐熟练与提高，工资水平不断上涨，这侧面体现了社会对于特定技能劳动力的需求增加；与此同时，劳动者技能水平或技能的差异也带来了劳动者工资水平的差异。此外，国内的一些法律条款也对工资进行了界定。例如，《工资支付暂行规定》指出，工资是指用人单位依据劳动合同的规定，以各种形式支付给劳动者的报酬。目前，学术界对工资的内涵界定是指雇主或者法定用人单位依据法律法规、行业规则、人力资源市场情况，与劳动者协商一致而达成的，以货币形式支付的劳动报酬，是劳动力价值的一种货币体现形式。事实上，在中国，由用人单位承担或者支付给员工的社会保险费、劳动保护费、福利费、解除劳动关系时支付的一次性补偿费、计划生育费用等均不属于工资。

需要指出的是，工资与薪酬是不同的概念。薪酬是指雇主或者法定用人单位向劳动者支付的各种形式劳动报酬的总和，包括货币和可以转化为货币的一切，以及各种非货币形式的酬劳。可见，薪酬比工资的范围更广。

2.1.2　工资差异

工资差异是指员工之间工资的收入差距，并受地区发展水平、行业和职业、教育程度（或技术水平）等不同方面的影响。事实上，因为劳动者具有的技能水平和贡献不同，故劳动者工资水平存在差异是合理的。理论研究表明，当劳动者之间的工资差异处在适度状态时，不仅可以提高劳动者的生产积极性，养成良好的工作态度，还有助于其形成正确的事业心、人生观和价值观，最终达到促进社会劳动生产率提升的目的。但是，工资收入差距的加大也会限制经济发展。当劳动者之间的工资差异超过合理范畴、逾越收入分配遵循的公平原则，将会导致社会不稳定因素增加、市场需求下降、不公平问题凸显，这一系列的消极影响将会对经济发展和社会进步起到阻碍作用。

2.1.3 外商直接投资

外商直接投资（FDI）是国际资金往来的一种重要形式。陆雄文主编的《管理学大辞典》（2013）指出，外商直接投资是外国企业和经济组织或个人（包括华侨、港澳台胞以及我国在境外注册的企业）按我国有关政策、法规，用现汇、实物、技术等在我国境内开办外商独资企业、与我国境内的企业或经济组织共同举办中外合资经营企业、合作经营企业或合作开发资源的投资（包括外商投资收益的再投资），以及经政府有关部门批准的项目投资总额内企业从境外借入的资金。从普遍定义来看，外商直接投资是指个人或公司为了获得国外某企业的管理权而将一定的生产要素投入其所在国家的一种跨国投资活动。这说明，外商直接投资具有两个显著特点：一是投资方对投资实体的经营管理权，当直接投资者在东道国建立一个或多个持股超过10%的投资实体时，便具备了足够的影响力，也获得对投资实体运营过程中的控制权；二是生产要素的国际流动，此“生产要素”包含了无形资产（如营销渠道、商标品牌、管理技能等）以及有形要素（如土地、设备等）。

2.1.4 服务业及其分类

一般而言，服务业是指从事生产服务产品的各行业和部门的综合名称。具体而言，服务业是一个庞大的产业系统，由许多不同行业组成，每个行业都有其独特的属性、功能和性质，因此服务业可以被视为一个多层次产业。与其他产业相比，服务业生产的是无形并且不可存储的服务产品，具有消费和生产过程不可分割性等特点，这些特点是服务业与其他产业的基本区别。另外，需要说明的是，服务业是第三产业的重要组成部分。第三产业是指除了第一产业和第二产业之外的所有经济活动，而服务业则是基于生产或提供服务产品的部门。

为了更好地了解不同服务行业的经济特性和发展趋势，有必要对服务业进行分类。常见的分类标准包括基于时间序列、基于功能和基于统计方法等的分类。具体来说：

第一，基于时间序列的分类方法，可以将服务业划分为传统服务业和现代服务业。传统服务业主要指那些为居民的日常生活提供各种服务的行业。根据要素密集度的解释，传统服务业主要以劳动密集型行业为主。现代服务业是以现代化、信息化为主的服务业，不仅包括依靠信息网络技术发展起来的新兴服务业，还包括利用高科技改造提升的传统服务业。现代服务业在国家或地区的产业转型中扮演着重要角色，这是因为其具备很多优点，如技术含量高、增值服务高、智力人才高、环境污染低等。同时，随着全球经济的发展，现代服务业不断发展，涵盖的新业态、新模式和新领域也在不断扩大，这说明现代服务业是一个动态的概念。关于现代服务业的范围，2023 年中国国家统计局制定的《现代服务业统计分类》将现代服务业范围确定为：信息传输、软件和信息技术服务业，科学研究和技术服务业，金融业，现代物流服务业，现代商贸服务业，现代生活服务业，现代公共服务业，融合发展服务业八个大类。

第二，基于功能的分类方法，可以将服务业分为三类：生产者服务业、分配服务业和消费者服务业。经济学家布朗宁和辛格曼在 1975 年提出了辛格曼分类法，此类方法主要是依据服务对象及其服务需求的不同，将服务业分为生产者服务业、分配服务业和消费者服务业。

生产者服务业是以企业生产为中心，生产者为生产最终消费品或是进一步为生产企业提供的中间性服务投入。根据格鲁伯和沃克（1993）的研究可知，知识资本和人力资本是生产者服务业的核心要素，因此生产者服务业在一个国家或地区的经济发展中扮演着关键的角色。从现代经济的实际情况来看，一国或地区生产者服务业的发展不仅提升了整体经济发展的专业化水平，同时对于其规模化程度也具有很大的提升作用。

分配服务业是一种追加性服务，具有流通传递功能，重点承担信息、生产要素、商品的流通传递。按照与有形商品供给的联系程度，分配服务业可以分为两大类：一是“锁住型”分配服务业，二是“自由型”分配服务业。第一类无法作为独立的市场交易对象存在，而是作为商品生产过程或其延伸阶段的一部分。而第二类则可以被视为独立的市场交易对象，可以与商品生产的特定阶段分离开来。

消费者服务业是一种与顾客直接互动的服务行业，其范围广泛，涵盖了各种各样的服务内容，旨在满足顾客多样化的需求。消费者服务业是与客户直接接触的行业，其特点包括服务波动性、主观差异性和难以预测性等。随着中国经济的发展和居民收入的增加，消费者服务业的范围正在扩大，服务产品也变得更加多样化。

第三，基于功能和基于统计方法分类。当前，国际上较常用的分类方法有两种，即联合国标准产业分类法和世界贸易组织分类法。根据联合国 1968 年制定的《国际标准产业分类》标准，服务业可以分为四大类和 14 小类；1990 年的《国际标准产业分类》第 3 版以功能为主，同时考虑了技术上的一致性，在此版中服务业被划分为家庭雇佣服务、其他社区服务、医疗及相关社会服务、教育、房地产租赁和经营活动、金融中介、通信业、交通仓储业、酒店旅游业以及商业等。根据世界贸易组织和《服务贸易总协定》的规定，1995 年服务业被划分为 12 个部门，涵盖了超过 150 个具体的服务行业，这一划分是根据服务业发展的实际情况而进行的。另外，根据《北美产业分类体系》，许多发达国家将不同类型的行业进行了划分和归类。《北美产业分类体系》有 1997 年版、2002 年版和 2007 年版三个版本，在 2007 年版中，服务业被划分为 16 个门类。截至目前，中国仍缺乏专门针对服务业的统计分类标准，只有对第三产业进行的分类体系。国家统计局在 1985 年提出的《关于建立第三产业统计的报告》中，将经济活动划分为第一、第二和第三产业，其中第三产业又进一步划分为服务部门和流通部门。随后，在中国服务业持续发展的背景下，1994 年国家统计局对国民经济行业分类进行了修订，将第三产业进一步划分为 11 个二级门类。之后，在 2002 年又进行了一次修订，《国民经济行业分类》（GB/T 4754－2002），将第三产业扩大为 15 个门类和 48 个大类。在新形势下，中国根据国际标准行业分类原则，于 2017 年发布了新版的《国民经济行业分类》，以适应服务业的进一步发展，这一新版分类系统增加了服务业中的新业态、新产业和新商业模式。

2.1.5　服务业结构高级化

产业结构高级化是指，在一定时期内，一个国家或地区的产值、国民收入、就业比例在各个产业部门的变化趋势和规律。从主要内容来看，产业结构高级化是整个产业结构由以第一产业为主向以第二产业和第三产业为主转移；由以劳动密集型产业为主向以资本密集型、技术密集型产业为主转移；由以制造初级产品的产业为主向以制造中间产品、最终产品的产业为主转移。产业结构高级化的主要推动力包括知识和技术创新、自然资源禀赋、需求结构、人口规模与结构、市场变化等。

服务业结构高级化是指服务业在一定时期内从低级形态向高级形态逐渐演进，并且服务业内部结构素质不断提升的过程。主要表现为以下三个显著特征：首先，服务业的产值结构和劳动力结构持续朝着高级化方向发展，现代服务业的产值和就业比重逐渐增加；其次，服务业主导行业逐渐向知识技术密集型行业演变，成为推动服务业发展的主要推动力；最后，服务业内部行业之间关联性增强，聚合质量不断提升。

2.2　相关理论

2.2.1　工资相关的经典理论

（1）古典经济学的工资理论

古典经济学的工资理论起源于威廉·配第，后由亚当·斯密和大卫·李嘉图进一步阐述与完善。

威廉·配第指出劳动决定商品价值，并阐释了分配理论，这是工资生存理论的开端。威廉·配第突破了重商主义的思想，采用实验、比较、观察、归纳等方法解释了商品的价值是如何在生产过程中形成，而并非是在交换过程中形成。

在此基础上，亚当·斯密对工资理论进行了发展，并在《国民财富的性质和原因的研究》一书中系统地论述了价值论。亚当·斯密在价值论中对使用价值和交换价值进行了区分，其中，使用价值是由于占有某种商品而取得的对他种商品的购买力，交换价值是特定商品的效用。亚当·斯密认为，工资最初在原始状态下是自然工资，并且自然工资伴随着私有制的产生以及资本积累的推进呈现出解体态势。与此同时，从自然工资的时代到资本主义生产的时代，劳动者的劳动本身并未发生改变，变化的是劳动产品的占有者以及劳动的所属。按照亚当·斯密的解释，影响劳动者工资水平的因素主要有两个方面：一是市场对劳动的需求；二是劳动者及其家庭所必需的生活用品的价格。该理论从新视角对工资进行了探讨，拓展了工资的研究内容。

大卫·李嘉图在亚当·斯密的研究基础上进一步完善了古典经济学的工资理论，强调工资是工人出卖劳动的报酬。同时，大卫·李嘉图还提出了自然价格和市场价格。其中，自然价格是劳动者维持自身存续所需要的价格，市场价格是由市场供求关系决定的价格。自然价格是市场价格的基础，并且自然价格是一个动态价格，会随着不同阶段、不同地区、不同风俗而发展变化。

（2）新古典经济学的工资理论

新古典经济学的工资理论以边际理论以及供给均衡价格论为主，重点从劳动力市场的供给价格与需求价格均衡进行分析。

19 世纪末，边际生产力工资理论由约翰·贝茨·克拉克首次提出。该理论强调工人的工资受边际生产力的影响，即工人的工资取决于厂商最后追加的工人所生产的产量。事实上，只有当工人增加的产出大于雇主支付的工资时，企业对劳动力的需求才会增加。由此可知，在生产要素和技术不变的条件下，劳动的边际产品是影响工资水平的关键因素。

19 世纪 70 ~ 80 年代，新古典经济学派逐渐崭露头角，从“边际学派”中迅速崛起。阿尔弗雷德·马歇尔于 1890 年发表《经济学原理》，提出了供求均衡薪酬理论，该理论注重于分析投入与产出的关系、经济私有化以及稀缺资源分配等问题。阿尔弗雷德·马歇尔以均衡价格为基础，指出薪酬由劳动力的供需均衡价格来衡量。阿尔弗雷德·马歇尔在该理论中强调，劳动力供给与需求相互影响，劳动力的边际生产力决定其需求价格，维持、训练、养育有效率劳动者的生产费用共同决定其供给价格，当劳动力的需求价格与供给价格达到均衡点时，所对应的价格就是劳动力薪酬水平。

20 世纪 50 年代，一些学者开始关注工资与经济增长的关系，并提出相关理论模型，如以索洛为代表的静态均衡分析模型和以米德为代表的动态均衡分析模型。索洛经济增长模型指出，劳动投入的降低会提高劳动边际生产率，进而提高劳动力工资。该模型进一步指出，随着一国经济的增长，劳动力工资所占的份额会增大，从而对工人阶级有利。在此基础上，米德采用动态均衡模型分析发现，市场竞争中资本与劳动存在着刚性的固定比例，并且国民收入再分配会使自然增长率与有保障的增长率趋于均衡。

（3）马克思主义的工资理论

在马克思主义经济学的研究范畴之中，工资问题一直占据着重要位置。马克思始终高度重视对工资问题的研究，在《共产党宣言》《资本论》等著作中，均广泛论述和探讨了“工资”。与新古典主义工资理论相比，马克思主义的工资理论结合了劳动价值论和资本积累理论。

劳动价值论是马克思分析工资问题的基础，通过区分劳动和劳动力，解释了工资不是劳动的价值或价格，而是劳动力价值或价格的转化形式。由此可知，把劳动看作商品，不但违背了价值规律，而且与资本主义生产资料私有制自相矛盾，这揭示了资本主义条件下的工资本质。

此外，随着资本积累的增加，相对人口出现过剩，这在一定程度上增加了资本家的雇佣选择。从社会发展来看，资本积累会带动劳动生产率的提高，从而降低生活资料价值，进而调节资本主义工资的运动趋势。这说明，资本积累是理解资本主义工资运动的关键。

2.2.2　国际直接投资理论

关于国际直接投资理论的研究源于 20 世纪 60 年代，随着国际直接投资对世界经济结构调整的影响日益凸显，国内外学者纷纷对此进行了探索。

（1）垄断优势理论

1960 年，美国学者斯蒂芬·海默率先提出了垄断优势理论。他认为，跨国企业在不完全竞争条件下能够获得的垄断优势，如组织管理能力、技术、资金、规模经济等，有助于推动跨国企业对外直接投资。随后，金德尔伯格在海默的研究基础上，对垄断优势理论进行了重要的补充和完善。该理论突破了传统国际资本理论的束缚，强调在不完全竞争前提下，跨国企业进行对外直接投资是因为在东道国这些企业比同类企业具有更强的竞争优势，能够获取更多的利润。

（2）内部化理论

在20世纪70年代，国际投资理论的研究视角开始由宏观经济领域转向微观经济领域。科斯于1937年发表了《公司的性质》，对交易费用理论和产权理论进行了解释。他认为，在不完全市场条件下，企业进行交易会产生交易成本、合同成本和监督成本，并强调不论水平一体化还是垂直一体化，跨国公司都将不同阶段的分工纳入统一的战略目标和管理体制中，通过内部的产品流通和资金调配实现最大化利润。

随后，巴克莱、卡森、拉格曼在科斯的研究基础上提出了内部化理论。该理论指出，市场内部化是指在公司内部建立一个相对独立的市场，以取代对外部固定市场的依赖，通过内部划拨价格的方式促进其有效运作，从而使其达到与外部固定市场相同的效果。换言之，内部化理论认为，跨国公司对外直接投资是因为其具有跨国经营的内部化优势，可以用企业内部的管理机制代替外部市场机制，这在很大程度上有助于降低企业的交易成本，从而赚取利润。当然，影响内部化过程的因素也很多，包括企业、行业、地区、国别特定要素，所以外资企业在东道国投资时，需要考虑多重因素的影响。

（3）区位优势论

区位优势是指跨国企业在投资区位上所拥有的综合资源优势，包括地理位置、自然资源、社会制度等。当前，不同学派对区位优势的研究重点有所不同。

区位理论学派强调，跨国企业国际直接投资倾向于选择接近原材料产地、拥有潜在市场、劳动力充足，并具备产业集聚效应的地区。同时，以出口替代为目的、交易成本和信息成本低的地区对外资企业更加具有吸引力。

国际贸易理论学派认为，一个国家或地区的要素禀赋对跨国企业国际直接投资具有关键性的影响作用。跨国企业国际直接投资通常会选择资源禀赋与技术偏好与其相似的国家或地区，同时倾向于选择贸易壁垒和运输成本较高但国际直接投资壁垒较低的国家或地区。

产业组织理论学派指出，跨国企业国际直接投资的区位选择偏向于进入壁垒较高、寡占型市场结构的国家或地区。与此同时，跨国企业国际直接投资会改变东道国的市场结构，但具体效果会受到多重因素的影响，包括跨国企业获得规模经济效应可能性、东道国本土企业竞争力、东道国本土企业与其他先入跨国公司在国际市场和东道国市场的地位等。

（4）国际生产折衷理论

在20世纪80年代初，英国经济学家邓宁综合各种观点，提出了国际生产折衷理论，将跨国公司进行国际直接投资的优势总结为三个部分，分别是所有权特定优势、内部化特定优势和区位特定优势。

所有权优势是指一国企业拥有或是能获得的国外企业所没有的特点优势，主要体现在四个方面，即技术优势、企业规模优势、组织管理能力优势、金融与货币优势。具体而言，在技术优势方面，跨国企业拥有专利、专用技术、研究与开发能力等的优势；在企业规模优势方面，跨国企业规模越大，在海外市场上就越能够获得规模效益，从而取得规模经济优势；在组织管理能力优势方面，跨国企业拥有专业化的管理团队和较强的企业家才能，在国际直接投资中具有管理方面的优势；在金融与货币优势方面，跨国企业往往在国际金融市场上具有较强的融资能力，拥有多种融资渠道，从而在国际直接投资中能够发挥融资成本优势。

内部化优势是指，企业为了克服不完全市场带来的消极作用而将其拥有的资产加以内部化，进而保持竞争优势。换言之，跨国公司通过与东道国的分支机构或子公司之间建立内部市场，将其资产内部化，以维持其所拥有的优势。邓宁认为，跨国企业在东道国投资选择资产内部化还是资产外部化，主要是比较两种方式为跨国企业带来的利益。为规避不完全市场对企业带来的负面影响，企业可选择将中间产品的交易内部化，在内部合理配置资源和统筹安排的基础之上，企业将获得最优的资源配置、最低的生产成本以及最大限度的垄断优势。

区位优势是指东道国在投资环境方面对投资者具有的优势。东道国的区位优势受诸多因素的影响，包括生产要素禀赋、劳动力技术水平、市场规模与发展潜力、生产要素成本、基础设施建设情况、金融制度与金融市场状况、交通与通信便捷程度、政府对经济市场的干预程度、文化环境、法律环境等。概括来说，区位优势包括直接区位优势和间接区位优势两种。其中，直接区位优势是指东道国吸引外商直接投资的积极因素，间接区位优势是投资国的消极因素。跨国公司通过综合考虑东道国的有利环境和投资国的不利环境，从而选择合适的投资地区和部门。

（5）产品生命周期理论

1966年，雷蒙德·弗农首次提出了“产品生命周期论”，并在他的著作《产品周期中的国际投资与国际贸易》中展开了分析。该理论从技术动态变化的视角分析了国际贸易的原因，并深入探讨了外商直接投资的动因。

产品生命周期理论主张，产品经历着不同的生命周期阶段，根据技术成熟度可分为新产品创始阶段、产品成熟阶段和产品标准化阶段。

首先，在新产品创始阶段，技术创新国主要关心国内客户对产品的需求。在该阶段，产品的生产非标准化、成本相对较高、研发资金投入较大，产品属于技术密集型产品。因此，创新国在国内生产新产品，并利用生产技术优势在国际市场处于领先地位，同时通过少量的出口来满足其他发达国家的市场需求。

其次，在产品成熟阶段，该产品的生产技术逐渐成熟，创新国的技术垄断被打破，产品的生产更多的是依靠大量资本的投入。同时，该产品在国际市场上的需求量不断增加。为了减少产品运输成本、降低企业生产成本，创新国的跨国企业开始选择在资本密集型国家进行投资，建立子公司生产和出口该产品。

最后，在产品标准化阶段，产品能够通过机械设备进行大规模生产，劳动力成为决定产品成本的主要因素。在这个阶段，劳动力成本较低的发展中国家在该产品的生产中具有相对优势。跨国企业为了降低该产品的生产成本，尤其是劳动力成本，将产品的生产区域向劳动力成本较低的发展中国家转移。此时，发展中国家依靠廉价的劳动力优势将成为该产品的净出口国。

2.2.3 国际直接投资在发展中国家适用性理论

（1）小规模技术理论

威尔斯（Wells，1977）首次提出了小规模技术理论，该理论阐释了发展中国家跨国公司的三个竞争优势。

第一，拥有为小市场提供所需服务的劳动密集型小规模生产技术。一些收入水平偏低的国家对商品的需求有限，这导致大规模生产技术难以从有限的市场需求中获得规模经济，而此时发展中国家的劳动密集型生产技术却适用于小市场需求。

第二，在国外生产民族产品。发展中国家的民族产品在国际市场具有一定的竞争优势，对外直接投资是发展中国家为服务于海外同一种族团体而展开的重要活动。事实上，以民族为纽带是发展中国家对外直接投资的主要形式之一。

第三，产品低价营销战略。物美价廉是发展中国家跨国公司获得竞争力的重要途径，与发达国家跨国公司相比，发展中国家跨国公司在劳动力成本、原材料成本等方面都较低。因此，产品低价营销是发展中国家跨国公司占领国际市场的关键策略。

综上所述，小规模技术理论突破了跨国企业只能依赖垄断技术优势进入国际市场的观点，该理论为发展中国家对外直接投资提供了相关理论依据。

（2）技术地方化理论

拉奥（Lall，1983）提出了技术地方化理论，又称局部技术改进理论。该理论指出，发展中国家除了能简单效仿发达国家的先进技术之外，还能基于本国实际情况对先进技术进行改造和调整。他指出，发展中国家的跨国企业在技术方面虽然呈现采用标准技术、劳动密集型以及规模较小等特点，但仍然在该领域反映出了内在的创新特点。基于此创新，发展中国家的跨国企业形成和发展了特有的竞争优势。当然，此优势会受到一些因素的影响，具体来说：其一，相较于发达国家，发展中国家的经济背景、经济环境有所不同，因此技术知识当地化的环境需要与该国的要素质量及价格紧密联系起来；其二，发展中国家通过对进口技术和产品进行改造升级，使其生产的产品满足国内和邻国市场需求，技术创新性有助于其在国际竞争中获得一定优势；其三，发展中国家的优势体现在生产过程的供需相结合，以及创新过程产生的技术在小规模生产条件下能够获得更高的经济效益；其四，发展中国家能够生产出与名牌产品不同的产品，这类产品在国内市场规模较大、消费者购买力存在差异的东道国具有一定的竞争力。

拉奥的技术地方化理论将发展中国家跨国企业的研究从宏观层面转向了更加具体的微观层面。该理论强调，在技术地方化的过程中，发展中国家通过技术创新获得新的竞争优势。与小规模技术理论相比，技术地方化理论认为，发展中国家对外国技术不应只是简单重复的效仿与复制，还应该对其进行消化、吸收与改造，这种创新活动对发展中国家跨国企业开拓国际市场有重要的指导意义。

（3）技术创新产业升级理论

20 世纪 90 年代初，英国学者坎特韦尔和托兰惕诺共同提出了“技术创新产业升级理论”。该理论依据技术累积论指出，发展中国家和地区企业技术能力的提升与其产业结构转型升级密切相关。产品生命周期理论强调，当产品处于周期“尾部”之时，技术会延伸到发展中国家和地区，同时通过技术吸收、创新和积累推动这些国家和地区实现产业升级。与此同时，发展中国家和地区企业技术能力的提升也会影响其对外直接投资的地区和产业分布。

坎特韦尔和托兰惕诺认为，发展中国家和地区技术积累对外商直接投资的地理和产业分布正在呈现一种可预测性的变化状态。与发达国家和地区不同，发展中国家和地区缺乏研究与开发能力，主要是掌握与吸收现有技术，尤其是在现有的学习经验基础上进行技术积累。伴随着发展中国家和地区技术积累的提升，对外投资区域由发展中国家和地区逐步转向发达国家和地区，对外投资产业由资源密集型逐步转为技术密集型。

2.2.4 产业结构高级化的相关理论

（1）配第－克拉克定理

英国经济学家威廉·配第最早注意到产业结构演变的规律。他发现农业、工业和商业的工资水平存在差异，并且劳动者从低工资部门转移到高工资部门，可以实现产业结构的优化。在 1690 年出版的《政治算术》一书中，威廉·配第对英国农民和船员的工资进行了比较，发现农民的收入仅为船员收入的 1/4。此外，他还指出商业部门的收入高于工业部门，而工业部门的收入又高于农业部门，并认为这种不同产业间的收入差距会促使劳动力转移至收入更高的部门。由于配第的研究揭示了经济发展与产业结构演变之间的关系，因此该定理被称为配第定理。基于配第的研究，英国经济学家科林·克拉克在后来的研究中进一步分析了劳动力在三大产业间的转移规律性，他将 40 多个国家和地区作为研究样本，深入研究了不同产业之间的劳动力流动情况。研究结果显示，随着社会经济的发展，劳动力首先从第一产业转向第二产业，而当经济发展到一定程度时，劳动力则会从第二产业转向第三产业。通过这些研究，克拉克进一步验证了配第定理，因此也被称为配第 – 克拉克定理。配第 – 克拉克定理指出，在居民收入逐渐提高的趋势之下，劳动力会出现流动情况，逐渐由第一产业流向第二和第三产业，从而实现产业结构的优化。这表明劳动力收入的提高对于经济发展具有积极影响。另外，制造业的发展与人均收入呈正相关关系。因此，一般来说，发达国家的制造业发展水平要高于发展中国家。此外，与经济发展水平相关度最高的行业通常是商业和金融业。以 20 世纪 30 年代的日本和美国为例，两国经济发展的原因不同。在日本，经济发展水平较高是因为该国拥有众多的小型企业，其中 40% 集中在商业领域；而在美国，专业性服务业吸收就业的能力较强，服务业规模不断扩大，从而推动了国家综合实力的增长。

（2）恩格尔定律

1857 年，德国统计学家恩斯特·恩格尔在研究“萨克森王国的生产与消费关系”时发现，当家庭人口相同时，食品消费份额与收入或消费水平呈反向关系。随着收入或总消费支出的增加，食品消费份额减少，反之亦然。这一规律被称为恩格尔定律，其中，食品消费份额即食品支出占总消费支出的比例，被称为恩格尔系数，常作为居民生活水平的衡量指标。

在中国，恩格尔系数的主要数据来源于国家统计局进行的全国住户收支与生活状况调查。该调查覆盖 16 万城乡居民家庭，主要收集收入、支出、劳动力从业情况、住房和耐用消费品拥有情况、家庭经营和生产投资、社区基本情况及其他民生状况等信息。通过收集、审核和上报每户的各类消费数据，计算得到全国居民的总消费支出和食品消费支出，从而计算恩格尔系数。

根据恩格尔定律，随着收入增加，家庭在食品上的支出比例逐渐减少，而在耐用消费品和娱乐休闲上的支出比例增加。这是因为食品需求对收入的变化不敏感，而工业品和服务产品的需求对收入变化更敏感。因此，随着人均收入的提高，农业产值的增长速度逐渐减缓，而工业和服务业在经济结构中的比重不断增加。这种消费结构的升级推动了产业结构的多层次演变。

配第－克拉克定理和恩格尔定律均用于描述经济结构的变化。它们通过分析国民经济总量指标和不同经济增长阶段中某些部门的变动数据，研究和描述了经济结构的演进过程，并试图找出其中的规律。

（3）库兹涅茨法则

美国经济学家西蒙·史密斯·库兹涅茨基于克拉克的研究，进一步探究了劳动力和国民收入在不同产业间的分布规律，并深入研究了产业结构的变化趋势。他将经济划分为农业、工业和服务业三个部门，并通过对相关统计数据的研究发现，无论是发达国家还是发展中国家，这三个部门的国民收入和劳动力所占比重的变化趋势基本一致。主要得到如下结论：

首先，农业部门的国民收入和劳动力所占比重不断下降。这是因为农产品是必需品，其收入弹性较低（0～1），随着居民收入增加，对农产品的需求增加幅度相对较小。此外，在经济不断发展的基础之上，农业部门的劳动力需求逐渐减少，因此劳动力所占比重不断降低。

其次，工业部门的国民收入所占比重总体上升，而劳动力所占比重略有上升或总体保持稳定。这是因为工业市场的扩大提升了工业部门的收入弹性，同时技术进步减少了低技术劳动力需求，但工业部门的扩张又吸引了新的劳动力，因此工业部门劳动力所占比重略有提高或保持基本不变。

最后，服务部门的国民收入和劳动力所占比重呈上升趋势。国民收入相对比重的提高归因于服务产品较高的收入弹性。服务业的高收入水平也促使劳动力向该行业转移，进一步提高服务业的劳动力比例。

（4）钱纳里工业化法则

为了精确分析经济结构变化的规律性，霍利斯·钱纳里和莫伊思·赛尔昆在1975年出版的《发展的型式1950—1970》一书中提到，他们通过对101个国家（地区）20年的统计资料进行整理，以及使用30个变量对2万个以上的统计数据进行详细计算，充分地阐述了这些国家（地区）在经济增长背景下共同经历的经济结构演变现象。

美国经济学家钱纳里通过研究经济发展的长期过程，发现了产业结构的变动及其原因，总结出了一国经济发展的六个阶段。具体而言，第一阶段是传统社会阶段，此时农业占据主导地位，社会发展缓慢，生产力水平低，几乎没有现代化工业。第二阶段是传统工业化初期阶段，主要产业开始向工业转变，工业产品技术含量低，对劳动力需求大，经济发展主要依赖劳动密集型产业。第三阶段是传统工业化中期阶段。随着经济的发展，制造业逐渐从轻工业向重工业转型。在这个阶段，重工业的发展水平成为衡量经济发展的重要指标，资本密集型产业占据主导地位。同时，社会生产力的提高也促使第三产业开始崛起。第四阶段是传统工业化后期阶段，这个阶段的特征表现为在第一、第二产业蓬勃发展的同时，以新兴服务业为代表的第三产业也呈现良好的发展态势。第五阶段是后工业化社会，这个阶段受到科技革命的推动，科学技术水平不断提高，技术密集型产业迅速发展。与此同时，居民消费方式也开始发生转变，高档耐用品在居民支出中的占比呈上升趋势。第六阶段是现代化社会。在产业分工渐趋深入的背景下，第三产业慢慢分化，智能型、知识型以及创造性产业开始从服务业中脱颖而出，并在经济发展中扮演越来越重要的角色。此外，居民的消费需求不断提升，消费方式呈现多元化、细分化和个性化的趋势。

（5）二元经济发展理论

刘易斯在《劳动无限供给条件下的经济发展》一文中提出了二元经济发展理论，该理论研究了发展中国家农业部门和现代工业部门的劳动力流动对一个国家经济发展的影响。他强调，随着发展中国家的经济发展，工资水平逐渐提高，这使得农村劳动力受到现代工业部门高工资的吸引，大量农村劳动力向现代工业部门流动。当现代工业部门与农业部门的边际生产率相等时，农村剩余劳动力由于供给不再无限而变得短缺，这就是所谓的“刘易斯拐点”。基于刘易斯的研究，拉尼斯和费景汉进一步完善了该理论的假设，最终形成了刘易斯－拉尼斯－费景汉模型。该模型指出了经济发展的三个阶段。在第一阶段，现代工业部门的高报酬吸引了大量劳动力流入，尽管农业部门的生产率较低，但农村地区的大量剩余劳动力得以发挥作用。第二阶段是农业生产率逐步提高的阶段。随着农业劳动力向现代工业部门转移，农业部门逐渐萎缩，导致农产品的相对价格上涨。这种贸易条件对农业部门有利，所以现代工业部门需要提高工资以吸引剩余劳动力。第三阶段是农业和现代工业部门的劳动生产率达到平衡，劳动力在两个部门之间的流动取决于竞争性工资水平。

（6）产业结构高级化的演进规律

①生产要素密集型产业地位变动趋势。根据生产要素密集度的差异，产业可以分为劳动密集型、资本密集型和技术密集型产业。要特别强调的是，产业结构中生产要素密集型产业的地位会发生动态变化，其发展过程是从劳动密集型产业逐渐转向资本密集型产业，最终发展为技术密集型产业。很多因素会对生产要素密集型产业的地位变动产生影响，如利益推动、需求拉动和技术进步等。此外，市场竞争、政策支持和国际贸易等因素也可能对其地位产生影响。具体来看，在工业化初期，由于资本短缺和技术滞后，产业生产主要依赖大量的劳动力，而非资本和技术。因此，以劳动力为主要要素的轻工业在这个阶段得到了较好的发展，并在整体经济中占据主导地位。此时，发展劳动密集型产业成为推动社会发展的关键。伴随着工业化的发展，居民收入逐渐增加，劳动力成本优势减弱，而资本供应量不断增加，资本价格下降，资本的优势变得明显。此时，资本逐渐成为主要的生产要素，即在产品生产过程中，劳动和技术的投入较少，而资本的投入较多。资本密集型产业的发展极大地推动了基础工业和重工业的发展，对实现工业化起到了重要作用。随着工业化的进一步发展，资本密集型产业的增长受到限制，并且严重的产能过剩导致资本效率下降。因此，在工业化后期，经济体的产业结构逐渐由资本密集型产业转向技术密集型产业。由于技术密集型产业具有高技术人员比例高、产品附加值高等特点，所以经济的主导部门逐渐转向电子计算机工业、新材料工业、宇航工业等高技术产业部门。

②产业结构高加工度和高附加值化趋势。随着工业化的发展，产业结构逐渐向高加工度转变，这种转变主要体现在产品加工过程中，由原材料加工为重心转向以装配工业和加工工业为重心。从某种角度来说，产业结构高加工度意味着加工组装工业发展态势良好，其增加值比重增加，中间产品利用能力增强，高附加值最终产品比重提高，而原材料工业增速缓慢，其增加值比重下降。产业结构呈现出高加工度和高附加值化的趋势，主要原因可总结为以下几个方面：第一，产品加工程度的提升。随着产品加工组装价值的相对提高和原材料价值的相对下降，产品的质量和加工效率得到了提高。第二，技术进步。通过采用新技术、新材料和新工艺等手段，提高产品的技术含量，增加产品的附加值，从而满足人们对更高层次产品的需求。第三，产

品替代品增多。随着全球经济的发展，产品的替代品逐渐增多，这加剧了企业之间的竞争，企业不得不努力提升产品的附加值以获得市场竞争优势。第四，企业为获得利润，可以通过加强产品的加工程度来提高产品的附加值，特别是提升产品的深加工水平。这样不仅可以推出多种类、高质量和高附加值的产品，提高经济效益，而且对推动产业的跨越式发展和加快产业结构的优化升级也具有重要意义。

③新兴产业不断取代传统产业并成为主导产业。主导产业是指，在特定时期，对国家或地区的经济发展起到引导和支撑作用的产业。这些产业注重长期发展，并且对经济发展的速度、规模、方向和性质起着决定性的作用。主导产业在产业结构中占据主导地位，这是因为其具有产值占比大、技术水平高、关联效应强等特点，可见主导产业对整个产业结构的调整起到至关重要的作用。此外，主导产业是随经济发展不断变化的，这也导致了产业结构的变化。从历史上的产业革命来看，主导产业经历了从低端到高端、从传统到新兴的演变过程。这表明，随着新兴产业不断取代传统产业并成为主导产业，产业结构将逐步得到优化。

产业革命之前，农业在国民经济中占主导地位，是最重要的产业，产业结构以农业为主。18世纪以来，新科技革命引发的新产业革命，极大地推动了产业结构调整。第一次产业革命的到来意味着机器取代手工劳动时代的开始，也被称为“蒸汽时代”。这次革命极大地提高了生产力，推动了轻工业的快速发展。第二次产业革命的标志是电器的广泛应用，也被称为“电气时代”。在这个时期，科学技术与工业生产开始密不可分，新技术和新发明推动了石油开采业、石油化工工业等重工业的进一步发展。电子计算机、原子能以及生物工程的发明和应用是第三次产业革命的主要标志，表明全世界正逐渐以电子工业为基础并迈入“信息时代”。在这个时期，科学技术在各领域之间的联系越来越紧密，分工越来越细致，渗透越来越深入，从而推动了电子计算机、精密机械等新兴产业的发展。现今，世界已经进入了第四次产业革命，即以数字化、网络化和智能化为核心的“大数据时代”。在当前新科技发展的形势下，大规模、广泛来源、快速更新且具有价值的大数据将打破原有的竞争格局，推动产业结构向绿色化、智能化和高端化转型。

2.3 理论机制

2.3.1 服务业工资影响服务业结构高级化的理论机制

（1）成本推动机制

服务业工资上涨会增加服务业企业的生产成本，压缩服务业企业的利润，驱使服务业企业加大研发投入和技术创新，促进服务业结构高级化。具体来说，成本机制主要体现在以下四个方面：一是服务业内部企业优胜劣汰。工资的持续上涨会给劳动密集型服务业带来极大冲击，成本负担使得低效企业举步维艰，在优胜劣汰的市场机制作用下，生产要素会更加集中在具备更高生产能力的服务业企业，服务业市场环境得以优化。二是倒逼机制。工资上涨使得服务业企业用工成本增加，企业不得不加大创新以提升竞争力，这种倒逼机制有利于企业向高新化推进、产品向高附加值延伸，促进服务业内部向价值链高端跃升。三是要素替代。利用资本和技术来替代劳动力进行生产，积极推动资本密集型和技术密集型服务业发展。服务业工资的上涨使得资本和技术的相对价格下降，促使依赖廉价劳动力的传统服务业企业转而投身现代服务业，通过投入资本和发展技术来替代价格不断上升的劳动力，使得服务业产出中传统服务业所占比重下降而现代服务业所占比重上升，进而实现服务业结构高级化。四是区域间服务业结构调整。工资的上涨会加快一些服务业企业尤其是劳动密集型企业重新制定区域发展规划，将生产重心转移至工资更为低廉的地区，带动落后地区的就业和经济发展，从一定程度上来说，这有助于服务业结构高级化。

（2）收入—消费拉动机制

根据经济学原理，服务业工资的上涨意味着服务业劳动者收入水平的提高。对服务业劳动者来说，某一地区服务业工资的增加可以满足更广和更高层次的需求，消费结构必然发生变化，并带动服务业内部结构甚至整体产业结构的调整。换言之，服务业劳动者消费领域的扩宽和消费结构的升级使得服务业结构高级化，形成“收入—消费结构—产业结构”的升级路径。具体来说，当服务业工资较低时，服务业市场消费层次偏低、服务产品种类有限、服务产品附加值不足，服务业结构高级化严重受限。随着服务业工资的上涨，劳动者的消费结构从生存型向发展型拓展，教育医疗、金融服务、信息服务成为消费升级的焦点。服务产品层级的提升不仅能满足居民对优质产品的需求，还能推动服务业结构高级化。

（3）人力资本机制

在中国，劳动密集型服务业在经济发展中占据相当重要的位置，对低层次劳动力的就业吸纳能力很强，但无法改善劳动力的素质结构，从而制约了服务业结构高级化。近年来，随着服务业转型升级步伐的加速，服务业企业对高端人才的需求与日俱增，服务业劳动者已经意识到提升自身素质和能力的重要性。从一定程度上来说，服务业工资的提高有助于服务业劳动者素质的提升。一方面，更高的收入使得劳动者获得更多的发展机会。劳动者通过增加对自身“人力资本”的投资，不断扩充自己的知识结构，提高专业技能，利用高技能素质来匹配服务业发展，避免结构性失业；另一方面，工资上升促使服务业企业加大对人力资本投资的力度。企业通过培养一批高技能人才，用劳动力质量替代劳动力数量，从根本上应对工资上涨的冲击。此外，服务业人力资本的提升可以通过替代效应、收入效应和知识效应进一步促进服务业结构高级化，从而促进服务业向更高质量发展。

（4）效率工资机制

效率工资是一种有效的激励手段，是指企业支付给劳动者高于市场均衡价格的工资。服务业效率工资可以通过改变工资的相对收益，促进服务业结构高级化。第一，服务业效率工资能吸引和留住优秀人才。服务业企业利用更高的劳动力报酬吸引更多具备良好职业素质和发展潜力的劳动者，为企业生产效率的提高、经营绩效的改善以及整个服务业结构的高级化提供了人才智力支持。第二，服务业效率工资能为劳动者的收入提供保障，有利于激发劳动者利用更多时间和精力研发产品，增强团队创新氛围，促进企业创新发展。从一定程度上来说，服务业效率工资能推动企业提升科技水平、提高产品质量、增强竞争优势，进而有助于服务业结构高级化。第三，服务业效率工资可以增强劳动者对企业的归属感，这将大大提高劳动者的工作效率，完善企业内部的工作流程。企业利用激励和约束双重作用努力营造一个科学高效的环境，从而促进服务业整体的健康运行和发展。

综上所述，服务业工资上涨影响服务业结构高级化的理论机制如图 2. 1 所示。

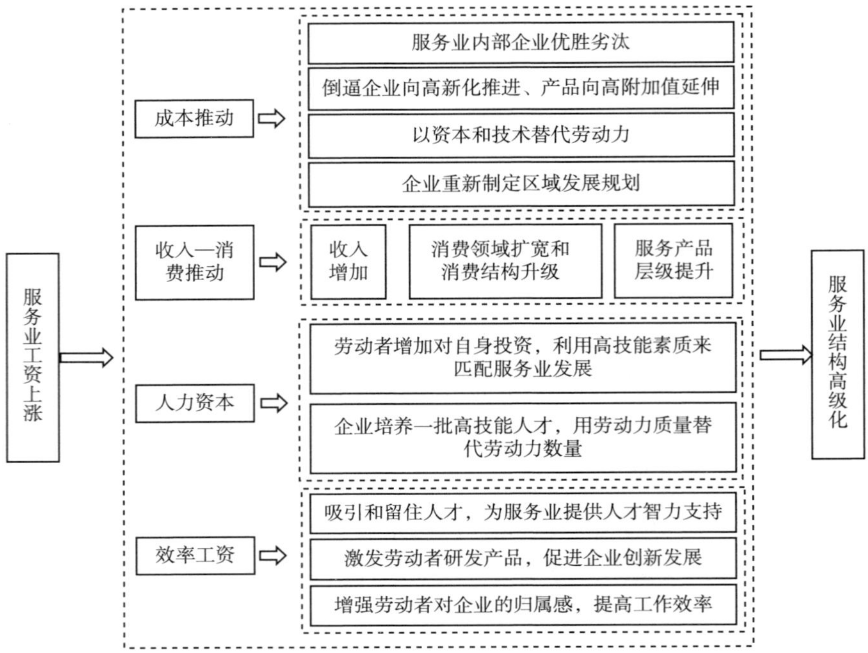

图 2. 1　服务业工资上涨影响服务业结构高级化的理论机制

2. 3. 2　服务业外商直接投资影响服务业结构高级化的理论机制

（1）资本供给机制

新古典主义经济增长理论指出，外资对东道国的资本积累具有重要作用。钱纳里和斯特劳特（1966）提出了“双缺口模型”理论，强调外商直接投资可以填补发展中国家的资金缺口。与此同时，资本在推动产业结构升级方面发挥着不可替代的作用。近年来，中国服务业引资规模显著。数据统计表明，2020 年中国服务业外商直接投资占全国外商直接投资比重达 78. 5%，比 2015 年提升了 8. 7%。从“要素驱动”模式可知，服务业外商直接投资规模的扩大推进了服务业发展，直接影响服务业内部各细分行业发展的速度和发展方向。事实上，资本积累是“要素驱动”模式的典型特征，服务业外商直接投资增多对服务业内部结构向高级化转型具有非常重要的资金支撑作用。换言之，

“要素驱动”模式通过资本积累效应有助于优化服务业内部各行业的要素配置结构，提高服务业结构高级化水平。

（2）技术溢出机制

技术溢出是指外国投资者将先进生产技术、管理经验等传递给东道国，这种技术转让行为会在其产业的生产经营方面起到引领作用。技术溢出对东道国服务业结构高级化的影响主要体现在三个方面。

第一，服务业外商直接投资通过发挥示范效应和模仿效应提高服务业结构高级化水平。在示范效应方面，服务业外商直接投资带来的先进技术、卓越的管理经验等会对东道国服务业企业具有示范效应，提高优质服务供给能力，促进服务业向高端化发展。在模仿效应方面，东道国服务业企业通过“模仿—创新”提升竞争力，推动服务业向品质化升级和高端化转型，促进服务业高质量发展。

第二，服务业外商直接投资通过发挥技术波及效应带动东道国服务业向高端发展。服务业跨国公司进入东道国带来的先进知识、技术、管理经验不仅可以提高东道国服务业企业的竞争力，还可以通过协同效应和扩散效应带动东道国相关产业的发展，优化提升服务业产业链、推动服务业产业价值链高端化，进而推进服务业产业基础高级化、产业链现代化。

第三，服务业外商直接投资通过发挥竞争效应倒逼东道国服务业结构向高级化转型。服务业外资企业进入东道国市场后，将与东道国服务业企业争夺有限的市场资源，倒逼东道国服务业企业进行技术创新和资源配置优化。事实上，对东道国服务业企业而言，持续的服务创新能力是保持竞争力的重要原动力。因此，随着中国服务业外商直接投资的不断增加，服务业企业通过技术创新有利于支撑服务业结构向高级化转型。

（3）劳动力就业机制

服务业外商直接投资通过劳动力就业渠道影响服务业结构高级化主要体现在两个方面。

一是提高服务业人力资本水平。服务业外资企业进入东道国后往往会对当地员工进行培训和教育，提升服务业从业人员的技术水平以及管理理念，提高东道国服务业的人力资本水平。与此同时，东道国服务业人力资本水平的提高对服务业结构高级化具有重要促进和支撑作用。事实上，高素质人力资源是推动服务业技术进步和产业变革的关键条件，从长远来看，服务业高素质人力资源有助于提升服务业创新能力，进而为推动服务业高端化转型提供动力。

二是优化服务业劳动力结构。服务业外资企业的进入不但能提升服务业的就业整体水平，更重要的是有助于优化服务业劳动力结构，从而提高服务业高级化水平。数据统计表明，随着中国服务业外商直接投资规模的不断扩大，服务业就业人员占比稳步攀升。2021 年，中国服务业就业人员为 35868 万人，占全国总就业人员的48%，相比 2012 年，服务业就业人员占比提高了 11.9 个百分点。更为重要的是，自 2022 年以来，中国高技术服务业已成为外资流向的重点领域，这意味服务业外商直接投资的流入可能会改变中国服务业的就业结构。为提高劳动生产率，外资企业会倾向于增加对高技能劳动力的需求，减少对低技能劳动力的需求，用高技能劳动力替代低技能劳动力，从而促进服务业结构高级化。

综上所述，服务业外商直接投资影响服务业结构高级化的理论机制如图 2.2 所示。

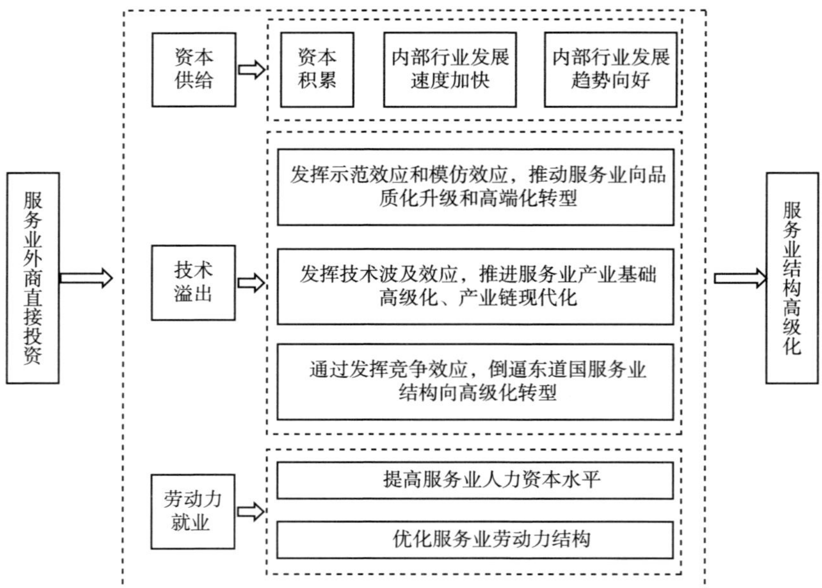

图 2.2　服务业外商直接投资影响服务业结构高级化的理论机制

第3章　中国服务业地区工资差异和服务业外商直接投资的时空特征

3.1　中国服务业工资的变化趋势

3.1.1　服务业工资的总体变化趋势

近年来，中国服务业劳动力工资总体呈现上涨趋势。究其原因，这与经济发展、劳动力供不应求、生存工资、政府干预等有关。从经济发展来看，2020年中国人均国内生产总值（GDP）约为1.05万美元①，经济发展到该程度，劳动力工资上升是正常情况。根据经济学理论，一国劳动生产率的提高是其经济增长的基础，劳动生产率越高，劳动者创造的价值就越大，企业向劳动者支付的报酬就越多。因此，当前中国劳动力工资上升是经济发展的必然趋势。而服务业作为经济社会可持续发展的重要动力，其劳动力工资不可避免地进入到周期性攀升的阶段（见图3.1）。

另外，"刘易斯拐点"的出现进一步提高了中国服务业的劳动力工资。人口红利时期，中国劳动力丰富，凭借低廉的劳动力工资，中国成为"世界工厂"。但是，当前中国已经进入"刘易斯拐点"，人口老龄化日益严峻、人口出生率明显不足、劳动年龄人口继续下跌。根据国家统计局公布的数据，2019年，中国65岁及以上人口占总人口的比重达12.6%，超过了国际公认的人口老龄化"红线"；2019年中国出生人口为1465万人，相比2018年减少了58万人，

① 根据《2020年国民经济和社会发展统计公报》的数据测算得到。

出生率仅为 10.48‰，创改革开放以来新低；2019 年中国劳动年龄人口为 89640 万人，比 2018 减少了 89 万人。毫无疑问，当中国失去人口红利，进入"刘易斯拐点"，劳动力工资必然上升，劳动密集型服务业的发展定然会受到影响。事实上，自 2004 年以来，中国"民工荒"现象越来越严重，农民工供不应求使得其工资不断提高，农业、制造业、服务业的劳动力工资均逐步攀升。金三林和朱贤强（2013）的研究发现，服务业平均工资定基指数与农民工工资定基指数的相关性高于农业和制造业，特别是在劳动密集型服务业，增加农民工工资会大幅提升劳动密集型服务业的劳动力工资。

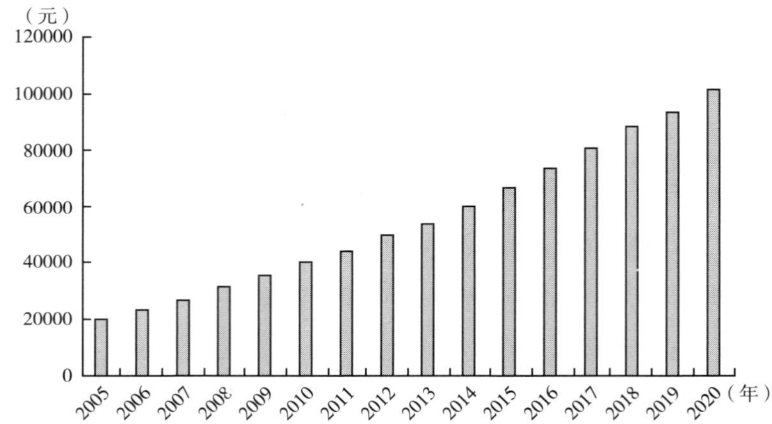

图 3.1　2005～2020 年中国服务业劳动力平均工资

资料来源：根据历年《中国统计年鉴》各行业就业人员平均工资测算得到。

此外，政府的行政强制力量也会对服务业劳动力工资产生影响。以最低工资标准为例，1993 年我国颁布了《企业最低工资规定》，确定了最低工资标准的通用方法。经过多年的讨论和完善，2004 年我国开始施行《最低工资规定》，以进一步保障职工的劳动权益和合法利益。当然，各地区需依据自身经济社会发展的现实情况建立最低工资保障制度，并调整最低工资标准。2020 年，福建、青海、广西已上调了最低工资标准；同年，北京、天津、上海、江苏、浙江、广东第一档的月最低工资标准均超过 2000 元。对服务业企业而言，提高最低工资标准将有助于保障低收入群体的基本生活，稳定就业岗位，推动社会和谐发展，但同时也会增加企业经营成本，对服务业企业的发展会带来一定压力。

3.1.2　服务业工资的分行业变化趋势

从服务业不同行业来看，服务业工资在各行业差异明显，其中生产性服务业劳动力工资较高。根据《中国统计年鉴—2021》的数据统计可知，按行业分城镇非私营单位就业人员平均工资来看，2020 年服务业就业人员平均工资排名前三位的分别是信息传输、软件和信息技术服务业，科学研究和技术服务业，金融业，平均工资分别为 177544 元、139851 元和 133390 元（见图 3.2）。

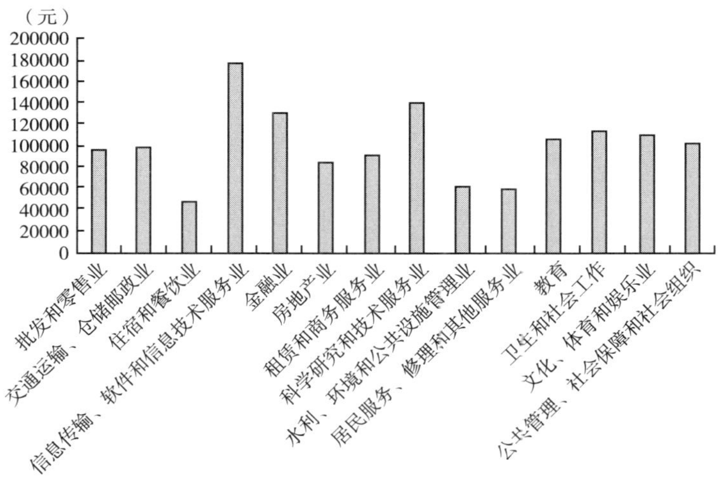

图 3.2　2020 年服务业不同行业就业人员平均工资

资料来源：根据历年《中国统计年鉴》各行业就业人员平均工资测算得到。

究其原因，信息传输、软件和信息技术服务业，科学研究和技术服务业，金融业的劳动力工资偏高，主要受行业特征、人力资本差异、人力资本溢出效应、技术进步红利、宏观经济政策、垄断等因素的影响。

第一，行业特征。信息传输、软件和信息技术服务业，科学研究和技术服务业，金融业属于知识密集型服务业，这些行业具有要素智力密集、多层次供给、高增值产出和强辐射服务等特征，劳动者需要花费较长时间和精力研发产品和服务。因此，高工资与劳动者自身的能力相匹配。

第二，人力资本差异。人力资本差异对行业工资差异的影响日益显著，服务业不同行业的人力资本不同，为行业带来的创新力度、发展质量、利润积累等也会不同。反过来，高利润服务行业也会为劳动者支付更高的报酬，从而导致各行业工资差异显著。

第三，人力资本溢出效应。人力资本溢出效应是指高层次人才进入行业后会对行业内和行业间的相关从业人员带来知识外溢作用，从而引起该行业甚至整个服务业生产率的提高。信息传输、软件和信息技术服务业，科学研究和技术服务业，金融业等高端服务业的较大人力资本溢出效应不但会促进高层次人力资本的集聚，而且会进一步带动高端服务业工资的攀升，从而扩大服务业行业间的工资差距。

第四，技术进步红利分配失衡。技术进步红利分配失衡是指新技术对不同群体的影响存在差异，有些群体可能获益，但有些群体可能受损。在服务业不同行业也是如此。毫无疑问，高工资服务行业往往是技术进步的重要支撑者，带动着服务业持续发展。相应地，技术进步红利也主要集中于高工资服务行业。正如信息传输、软件和信息技术服务业的科技进步突出，该行业的利润和支付给员工的报酬也明显高于其他服务行业。

第五，宏观政策倾斜的非均衡性。尽管政府出台了相关政策推动服务业发展，但由于不同服务行业对经济社会发展的贡献不同，因此服务业获得的政策支持在内部行业存在差异。根据马太效应可知，发展较好的服务行业能获得更多的政策和资源，从而进一步实现更好的发展。与此同时，这些行业为了提高生产率，会吸引更多高端人才，导致工资攀升得更快。由此可知，宏观政策倾斜的非均衡性会加大服务业内部行业的工资差距。

第六，垄断。垄断性工资差异是在制度性原因或劳动力自然特征的影响下，导致某些职业的劳动者处于垄断地位而产生的工资差异。事实上，垄断行业利用自身优势获取超额垄断利润，已成为行业高工资的主要影响要素之一。从垄断类别来看，垄断行业主要包括两大类：一类是凭借技术优势获得行业垄断，另一类是由政府行政控制的垄断行业。中国服务业中的一些行业具有垄断特点，例如，信息传输、软件和信息技术服务业是关系国家信息安全的战略性行业，准入门槛高；金融业是经营金融商品的特殊行业，也是受到严格监管的行业。这些行业与高素质人力资本交互作用，从而形成了高工资行业。

3.1.3　服务业工资的分地区变化趋势

需要指出的是，中国服务业工资存在区域异质性，从图 3.3 可知，2005 ~ 2020 年，东部地区服务业工资水平高于中西部地区。这是当前中国服务业发展不平衡的重要表现之一。

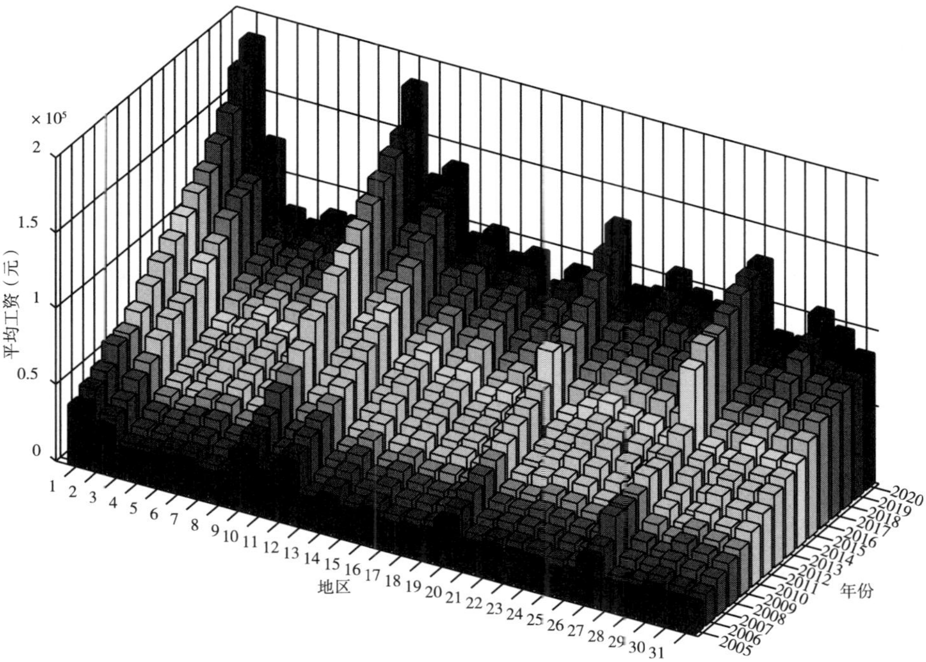

图 3.3　不同地区的服务业就业人员平均工资

注：横轴 1 ~ 31 分别表示北京、天津、河北、山西、内蒙古、辽宁、吉林、黑龙江、上海、江苏、浙江、安徽、福建、江西、山东、河南、湖北、湖南、广东、广西、海南、重庆、四川、贵州、云南、西藏、陕西、甘肃、青海、宁夏和新疆。

资料来源：历年《中国统计年鉴》。

中国服务业工资地区差距的扩大是由多重因素引起的，其中包括以下三个方面的原因：

一是经济发展水平的差异。中国从 1979 年开始实施非均衡发展战略，在支持部分地区先发展的基础之上，鼓励其他地区发展，最终达到多方协调发展、共同富裕的目标。研究表明，改革开放以来，中国地区差距的演变经历了三个阶段，分别是 1978～1992 年东部和西部地区差距缓慢增加阶段；1993～2002 年东部、中部和西部地区差距迅速扩大阶段；2003 年以来东部、中部、西部和东北地区差距持续缩小阶段。按照区域不平衡发展理论，发展中国家不具备全面增长的资本和其他资源，因此，只能有选择地在若干部门和区域先发展，并利用这些部门和区域的外部经济带动其他部门和区域发展。尽管该理论推动了服务业的快速发展，但是从目前的数据统计发现，服务业劳动力工资的地区差距依然显著。由于东部地区服务业的发展基础、资源禀赋、市场条件等方面均比其他地区具有优势，所以区域不均衡必然会加剧服务业工资的地区差异。

二是技术创新水平的差异。技术创新是服务业发展的重要动力，技术创新水平越高的地区，越能推动当地服务业的发展，尤其会给高端服务业带来更多的发展机会，从而影响服务业劳动力工资。数据统计表明，无论是研发投入比重，还是申请专利数量，或是技术创新环境，中国依然表现为“东强西弱”的非均衡格局。技术创新水平的差异拉大了中国服务业地区间的发展水平，并进一步扩大了服务业劳动力工资的地区差距。

三是对外开放的差异。中国对外开放从东部沿海起步，在梯度开放格局的背景下，东部、中部和西部地区对外开放在深度及广度上均存在较大差异。当前，东部地区是吸引外资和发展对外贸易的主要区域。相比较而言，中西部地区吸引外资和对外贸易的规模有限。现有理论研究表明，对外开放的区域差异会导致服务业区域发展不平衡，从而扩大服务业劳动力工资的地区差距。

为了进一步分析服务业不同行业在不同地区的工资差异，本章选择 2005～2020 年服务业就业人员平均工资排名前三位的行业进行分析，分别是信息传输、软件和信息技术服务业，科学研究和技术服务业，金融业。

从图 3.4 可知，2005～2020 年信息传输、软件和信息技术服务业工资排名靠前的地区主要分布在东部地区，分别是上海、北京和浙江。其中，2020 年，上海、北京和浙江信息传输、软件和信息技术服务业的平均工资分别为 270619 元、259729 元和 235430 元。在黑龙江、吉林和河南，信息传输、软件和信息技术服务业平均工资偏低。2020 年，黑龙江信息传输、软件和信息技术服务业的平均工资最低，仅为 80673 元。

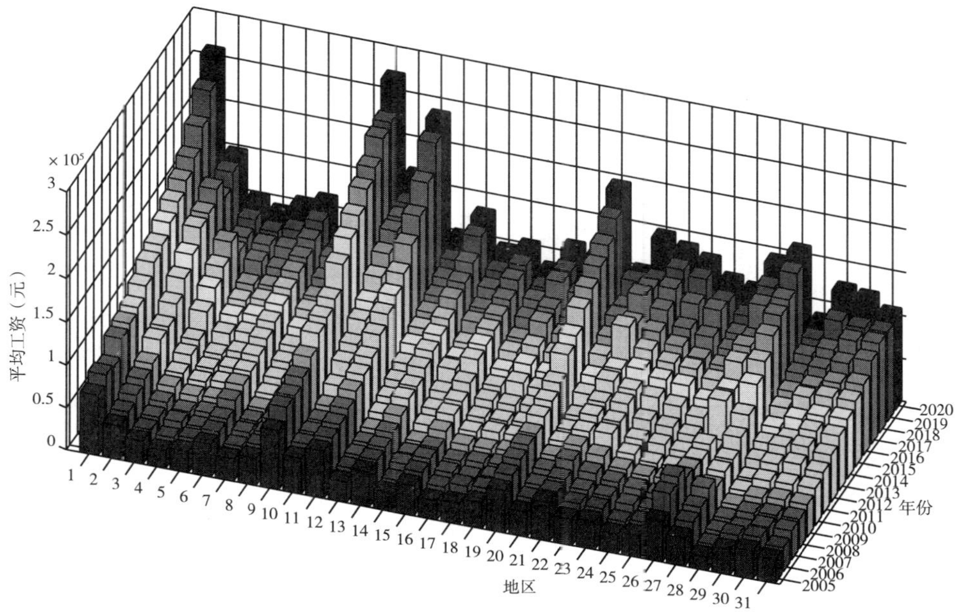

图 3.4　不同地区的信息传输、软件和信息技术服务业就业人员平均工资

注：横轴 1～31 分别表示北京、天津、河北、山西、内蒙古、辽宁、吉林、黑龙江、上海、江苏、浙江、安徽、福建、江西、山东、河南、湖北、湖南、广东、广西、海南、重庆、四川、贵州、云南、西藏、陕西、甘肃、青海、宁夏和新疆。

资料来源：历年《中国统计年鉴》。

从图 3.5 可知，2005～2020 年，上海科学研究和技术服务业的平均工资水平在全国范围内最高，北京次之，接着是天津、浙江、广东、苏州等地。在山西、内蒙古、河南，科学研究和技术服务业的平均工资水平排名靠后。2020 年，山西科学研究和技术服务业的平均工资水平最低，仅为 83282 元，内蒙古和河南科学研究和技术服务业的平均工资水平也不高，分别为 86557 元和 86681 元。

从图 3.6 可知，2005～2020 年上海和北京金融业平均工资水平远远高于其他地区。其中，2020 年，上海以 330125 元位居第一，北京以 260508 元紧随其后。在黑龙江、山西、甘肃等中西部地区，金融业平均工资水平低于全国平均值，其中，2020 年黑龙江金融业平均工资水平最低，仅为 68288 元。需要指出的是，西藏金融业平均工资水平也较高，2020 年达 216447 元。

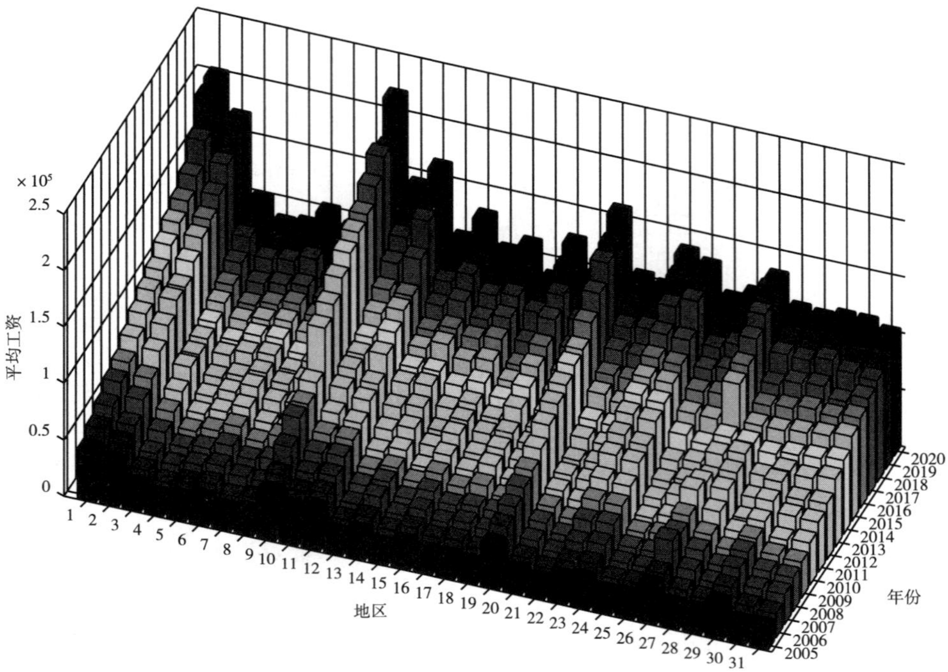

图 3.5 不同地区的科学研究和技术服务业就业人员平均工资

注：横轴 1～31 分别表示北京、天津、河北、山西、内蒙古、辽宁、吉林、黑龙江、上海、江苏、浙江、安徽、福建、江西、山东、河南、湖北、湖南、广东、广西、海南、重庆、四川、贵州、云南、西藏、陕西、甘肃、青海、宁夏和新疆。

资料来源：历年《中国统计年鉴》。

3.2 中国服务业地区工资差异的测算

3.2.1 省域层面服务业地区工资差异的测算

在比较地区差异的研究中，有一些方法和指标是基于收入分配理论进行推导得来的，如洛伦兹曲线、基尼系数、库兹涅茨比率等；也有一些方法是随统计学的发展衍生出来的，如变异系数和加权变异系数；另外还有一些方法是从其他相关学科引入的，如来自物理学的泰尔指数等。

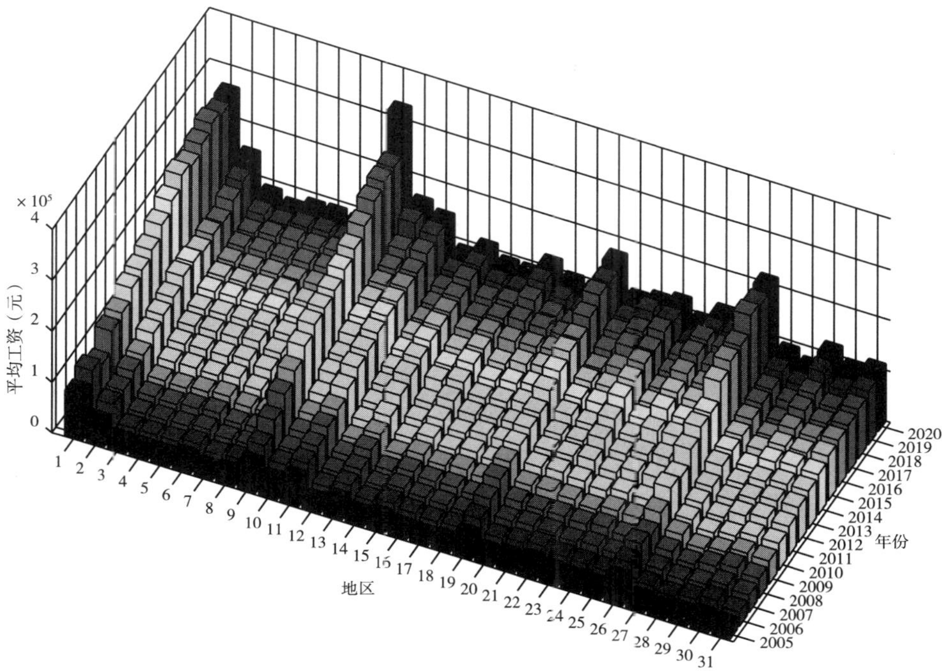

图 3.6 不同地区的金融业就业人员平均工资

注：横轴 1～31 分别表示北京、天津、河北、山西、内蒙古、辽宁、吉林、黑龙江、上海、江苏、浙江、安徽、福建、江西、山东、河南、湖北、湖南、广东、广西、海南、重庆、四川、贵州、云南、西藏、陕西、甘肃、青海、宁夏和新疆。

资料来源：历年《中国统计年鉴》。

从省域层面来看，目前中国只有服务业细分行业的工资统计，没有服务业总水平的工资数据。基于此，本书首先将各地区服务业细分行业的平均工资乘以各行业当年就业人数的权重后综合相加，得到各地区的服务业平均工资；其次，用本地区服务业的平均工资除以其余所有样本地区的服务业平均工资，从而测算出服务业地区工资差异。

改革开放以来，服务业发展逐渐步入高质量发展“快车道”。但是由于各地区综合经济水平、服务业人力资本水平以及服务消费能力等因素的不同，中国服务业工资差异具有地区异质性。从表 3.1 可知，中国服务业地区工资差异总体呈现出东部地区的工资收入差异远高于其他区域的特点，其中北京、上海

表 3.1 2005～2020 年中国服务业地区工资差异

地区	2005 年	2006 年	2007 年	2008 年	2009 年	2010 年	2011 年	2012 年	2013 年	2014 年	2015 年	2016 年	2017 年	2018 年	2019 年	2020 年
北京	1.97	2.02	1.90	2.00	1.83	1.83	1.88	1.89	1.87	1.84	1.78	1.74	1.74	1.76	1.89	1.88
天津	1.36	1.36	1.28	1.35	1.36	1.44	1.44	1.37	1.37	1.36	1.31	1.33	1.32	1.25	1.23	1.21
河北	0.73	0.71	0.72	0.78	0.81	0.80	0.78	0.77	0.76	0.75	0.79	0.79	0.80	0.79	0.78	0.77
山西	0.72	0.72	0.72	0.73	0.72	0.73	0.74	0.75	0.75	0.74	0.77	0.75	0.75	0.75	0.72	0.72
内蒙古	0.87	0.88	0.88	0.91	0.96	0.99	1.02	1.03	1.01	0.94	0.91	0.89	0.86	0.85	0.84	0.82
辽宁	0.95	0.93	0.92	0.94	0.97	0.96	0.93	0.92	0.90	0.83	0.84	0.82	0.81	0.79	0.81	0.81
吉林	0.74	0.74	0.78	0.75	0.76	0.75	0.77	0.80	0.78	0.75	0.77	0.78	0.77	0.78	0.78	0.76
黑龙江	0.82	0.81	0.80	0.81	0.83	0.81	0.80	0.81	0.81	0.79	0.81	0.80	0.78	0.76	0.78	0.75
上海	1.86	1.95	1.87	1.92	1.90	1.94	2.03	1.94	1.99	1.92	1.86	1.84	1.80	1.76	1.73	1.86
江苏	1.24	1.26	1.20	1.19	1.23	1.23	1.24	1.23	1.22	1.17	1.15	1.17	1.19	1.20	1.23	1.25
浙江	1.83	1.72	1.62	1.53	1.51	1.47	1.43	1.40	1.40	1.35	1.32	1.35	1.36	1.37	1.37	1.38
安徽	0.75	0.76	0.78	0.79	0.80	0.81	0.84	0.86	0.86	0.83	0.85	0.85	0.87	0.94	0.91	0.92
福建	1.05	1.05	1.02	1.03	1.04	1.02	1.06	1.09	1.06	1.02	1.01	1.00	1.00	1.01	1.02	1.01
江西	0.74	0.73	0.74	0.72	0.74	0.77	0.79	0.81	0.84	0.82	0.82	0.85	0.85	0.86	0.87	0.87
山东	0.94	0.94	0.94	0.93	0.93	0.93	0.92	0.92	0.94	0.94	0.97	0.97	0.95	0.93	0.94	0.93
河南	0.69	0.73	0.77	0.78	0.78	0.76	0.75	0.76	0.74	0.73	0.71	0.73	0.76	0.79	0.78	0.75

续表

地区	2005 年	2006 年	2007 年	2008 年	2009 年	2010 年	2011 年	2012 年	2013 年	2014 年	2015 年	2016 年	2017 年	2018 年	2019 年	2020 年
湖北	0.76	0.77	0.78	0.75	0.81	0.85	0.83	0.82	0.81	0.82	0.84	0.87	0.89	0.91	0.92	0.89
湖南	0.83	0.83	0.84	0.83	0.81	0.80	0.81	0.81	0.81	0.79	0.82	0.86	0.87	0.87	0.84	0.83
广东	1.47	1.41	1.36	1.32	1.30	1.27	1.24	1.22	1.20	1.42	1.16	1.17	1.18	1.21	1.26	1.28
广西	0.79	0.81	0.82	0.84	0.83	0.83	0.78	0.76	0.78	0.76	0.84	0.85	0.86	0.86	0.87	0.86
海南	0.91	0.86	0.87	0.83	0.83	0.88	0.90	0.89	0.86	0.90	0.93	0.90	0.89	0.91	0.92	0.89
重庆	0.91	0.92	0.92	0.92	0.95	0.96	0.99	1.02	1.00	1.01	1.00	0.99	0.99	1.02	1.04	1.06
四川	0.87	0.85	0.87	0.87	0.90	0.92	0.94	0.97	0.97	0.93	0.96	0.95	0.95	0.97	0.97	0.95
贵州	0.70	0.74	0.78	0.79	0.80	0.77	0.80	0.86	0.89	0.90	0.94	0.96	0.95	0.93	0.90	0.90
云南	0.79	0.82	0.77	0.78	0.81	0.79	0.81	0.82	0.83	0.81	0.86	0.93	0.99	0.98	0.98	0.97
西藏	1.53	1.46	1.75	1.51	1.39	1.38	1.18	1.09	1.14	1.65	1.63	1.49	1.45	1.40	1.37	1.29
陕西	0.74	0.72	0.80	0.86	0.91	0.91	0.88	0.90	0.89	0.83	0.82	0.82	0.82	0.82	0.83	0.82
甘肃	0.75	0.76	0.76	0.76	0.77	0.74	0.68	0.72	0.79	0.76	0.82	0.83	0.83	0.84	0.81	0.81
青海	1.02	1.06	1.03	1.06	1.03	1.00	1.02	0.99	0.98	0.97	0.95	0.96	1.00	1.02	1.00	1.04
宁夏	0.89	0.92	0.95	0.94	0.91	0.87	0.89	0.92	0.90	0.88	0.89	0.89	0.88	0.88	0.86	0.95
新疆	0.88	0.87	0.89	0.87	0.87	0.90	0.92	0.96	0.94	0.90	0.95	0.93	0.89	0.85	0.81	0.83

资料来源：根据历年《中国统计年鉴》相关数据测算得到。

等地服务业高工资尤为突出。表3.1显示，在2005年服务业地区工资差异中，服务业工资排名前三的分别是北京、上海和浙江。2005～2020年服务业工资排名前十的地区中，东部地区占比高达80%。这进一步说明了，东部、中部和西部地区之间的服务业工资水平差异明显。

3.2.2　生产性服务业地区工资差异的测算

由于服务业内部行业的属性存在差异，因此服务业的内部行业可以进一步分类。本部分借鉴何德旭等（2008）和梁学成（2016）的分类标准，将服务业划分为生产性服务业、生活性服务业和公共服务业。其中，生产性服务业包括交通运输、仓储和邮政业，信息传输、软件和信息技术服务业，金融业，房地产业，租赁和商务服务业，科学研究和技术服务业；消费服务业包括批发和零售业，住宿和餐饮业，居民服务、修理和其他服务业，文化、体育和娱乐业；公共服务业包括水利、环境和公共设施管理业，教育，卫生和社会工作，公共管理、社会保障和社会组织。

生产性服务业是新兴的服务行业，其主要功能是保持工业生产的连续性、促进工业技术的进步、推动产业升级和提高生产效率。近年来，生产性服务业在国民经济发展中的重要性日益凸显，各地着力发展生产性服务业，试图把握其发展规律。但实际发展情况仍有较大差异，具体可通过工资收入差异表现出来。从表3.2可知，中国的生产性服务业区域工资差距处于相对稳定的水平，近几年有所下降。

总的来说，随着经济水平的发展以及社会分工的进一步深化，生产性服务业逐渐得到各地重视，工资差异也逐渐减小。但由于起始水平不同，发展速度、发展程度不同，东部地区和中西部地区的非均衡性非常显著，区域间经济差距仍然是中国生产性服务业地区工资差异的主要来源。

3.2.3　生活性服务业地区工资差异的测算

生活性服务业作为国民经济的支柱产业，是服务经济的重要组成部分。随着国家日益重视人民群众多层次多样化需求的满足程度，各地区积极响应号召，大力推动生活性服务业的发展，完善服务标准，丰富服务供给，提高服务质量。但由于生活性服务业产业链的顶层设计、政策扶持体系以及技术业态和

表 3.2　**2005～2020 年中国生产性服务业地区工资差异**

地区	2005 年	2006 年	2007 年	2008 年	2009 年	2010 年	2011 年	2012 年	2013 年	2014 年	2015 年	2016 年	2017 年	2018 年	2019 年	2020 年
北京	3.35	3.61	3.52	3.88	3.57	3.56	3.55	3.56	3.24	3.41	3.24	3.21	3.22	3.25	3.44	3.46
天津	1.71	1.67	1.60	1.63	1.60	1.66	1.69	1.71	1.64	1.71	1.65	1.71	1.75	1.64	1.64	1.62
河北	0.60	0.59	0.59	0.63	0.67	0.66	0.66	0.68	0.68	0.75	0.71	0.67	0.65	0.67	0.68	0.68
山西	0.68	0.69	0.72	0.69	0.66	0.68	0.70	0.71	0.67	0.71	0.68	0.66	0.67	0.70	0.70	0.67
内蒙古	0.76	0.76	0.77	0.78	0.81	0.80	0.82	0.84	0.84	0.83	0.76	0.74	0.71	0.74	0.77	0.74
辽宁	1.10	1.07	1.04	1.05	1.04	1.06	1.07	1.07	1.00	0.82	0.97	0.94	0.94	0.90	0.91	0.87
吉林	0.74	0.70	0.71	0.68	0.72	0.71	0.77	0.81	0.74	0.43	0.73	0.71	0.71	0.72	0.71	0.72
黑龙江	0.84	0.81	0.78	0.80	0.83	0.80	0.83	0.87	0.80	0.81	0.78	0.77	0.78	0.78	0.83	0.78
上海	2.92	3.10	3.27	3.34	3.37	3.45	3.14	2.81	3.16	3.11	3.16	3.18	3.11	3.08	2.82	3.09
江苏	1.16	1.16	1.07	1.02	1.04	1.07	1.11	1.09	1.29	1.30	1.26	1.27	1.26	1.28	1.24	1.22
浙江	1.67	1.63	1.62	1.62	1.61	1.60	1.59	1.63	1.47	1.50	1.42	1.46	1.48	1.46	1.45	1.44
安徽	0.54	0.55	0.54	0.56	0.59	0.62	0.68	0.69	0.71	0.73	0.72	0.72	0.73	0.77	0.75	0.77
福建	1.08	1.10	1.06	1.09	1.08	1.09	1.07	1.09	1.07	1.09	1.04	1.02	1.01	1.00	0.99	0.95
江西	0.64	0.63	0.62	0.58	0.59	0.60	0.61	0.59	0.70	0.68	0.63	0.64	0.62	0.63	0.66	0.62
山东	0.74	0.73	0.73	0.72	0.77	0.77	0.77	0.78	0.83	0.89	0.85	0.86	0.83	0.81	0.80	0.80
河南	0.56	0.56	0.56	0.55	0.54	0.52	0.53	0.56	0.55	0.59	0.56	0.60	0.64	0.65	0.68	0.63

续表

地区	2005 年	2006 年	2007 年	2008 年	2009 年	2010 年	2011 年	2012 年	2013 年	2014 年	2015 年	2016 年	2017 年	2018 年	2019 年	2020 年
湖北	0. 67	0. 69	0. 71	0. 68	0. 75	0. 74	0. 73	0. 72	0. 74	0. 73	0. 77	0. 80	0. 82	0. 84	0. 84	0. 84
湖南	0. 65	0. 64	0. 63	0. 62	0. 62	0. 63	0. 68	0. 70	0. 67	0. 71	0. 71	0. 72	0. 72	0. 70	0. 70	0. 66
广东	1. 70	1. 65	1. 65	1. 62	1. 59	1. 54	1. 50	1. 43	1. 48	1. 52	1. 48	1. 50	1. 53	1. 66	1. 62	1. 66
广西	0. 67	0. 68	0. 70	0. 71	0. 72	0. 71	0. 68	0. 68	0. 68	0. 70	0. 69	0. 67	0. 66	0. 68	0. 68	0. 67
海南	0. 88	0. 82	0. 84	0. 79	0. 75	0. 76	0. 78	0. 75	0. 71	0. 87	0. 90	0. 90	0. 95	0. 95	0. 92	0. 95
重庆	0. 95	0. 92	0. 93	0. 94	0. 96	1. 01	1. 01	1. 09	1. 11	1. 16	1. 07	1. 06	1. 05	1. 05	1. 06	1. 13
四川	0. 80	0. 78	0. 77	0. 77	0. 79	0. 79	0. 79	0. 82	0. 93	0. 95	0. 91	0. 91	0. 90	0. 93	0. 85	0. 85
贵州	0. 52	0. 51	0. 55	0. 57	0. 57	0. 55	0. 59	0. 59	0. 63	0. 69	0. 65	0. 65	0. 65	0. 62	0. 66	0. 61
云南	0. 63	0. 63	0. 61	0. 64	0. 66	0. 63	0. 67	0. 68	0. 68	0. 69	0. 67	0. 67	0. 68	0. 67	0. 66	0. 63
西藏	0. 78	0. 80	0. 91	0. 70	0. 66	0. 67	0. 55	0. 53	0. 55	0. 52	0. 59	0. 59	0. 63	0. 55	0. 79	0. 76
陕西	0. 78	0. 73	0. 80	0. 82	0. 87	0. 86	0. 83	0. 81	0. 83	0. 90	0. 88	0. 90	0. 89	0. 92	0. 90	0. 90
甘肃	0. 61	0. 61	0. 57	0. 53	0. 55	0. 50	0. 48	0. 50	0. 54	0. 16	0. 55	0. 55	0. 57	0. 59	0. 55	0. 59
青海	1. 04	1. 02	0. 96	0. 92	0. 93	0. 91	0. 94	0. 98	0. 85	0. 84	0. 82	0. 81	0. 82	0. 80	0. 79	0. 79
宁夏	0. 85	0. 90	0. 88	0. 87	0. 86	0. 82	0. 85	0. 85	0. 81	0. 83	0. 77	0. 76	0. 72	0. 72	0. 70	0. 71
新疆	0. 79	0. 73	0. 76	0. 72	0. 72	0. 72	0. 75	0. 78	0. 78	0. 80	0. 75	0. 72	0. 67	0. 62	0. 58	0. 62

资料来源：根据历年《中国统计年鉴》相关数据测算得到。

商业模式等因素不同，各地区发展情况也各有不同。从表3.3可知，北京和上海的生活性服务业地区工资明显高于其他地区，尤其是上海的生活性服务业地区工资近年来呈上升趋势。究其原因，北京生活性服务业的基础较好，2015年北京率先在全国出台提高生活性服务业品质行动计划，市场需求规模进一步扩大，相关企业为了吸引高素质人才不断提高其工资水平。值得指出的是，在数字经济时代，北京数字经济发展较好，2021年北京数字经济增加值占GDP的比重达40.4%，位居全国第一。数字经济的快速发展推动生活性服务业向数字化、网络化、智能化转型，从而增加了数智型复合人才的需求，这也会推动生活性服务业工资攀升。另外，上海是以服务业为主的城市，近年来上海从线上线下服务、服务供给多样化、智慧生活服务、品牌感受度等方面不断提高生活性服务业品质。2021年，为打响“上海服务”品牌，在服务高品质生活中彰显“上海服务”品牌感受度，上海出台了一系列政策。事实上，生活性服务业品质的提升需要大量的高素质专业服务人才。为优化人才队伍，上海不断提高生活性服务业劳动者的工资，完善技能人才待遇。

3.2.4 公共服务业地区工资差异的测算

《“十四五”公共服务规划》指出，“十四五”健全完善公共服务制度体系、推动公共服务发展是落实以人民为中心的发展思想、改善人民生活品质的重大举措，是保障社会公平正义、扎实推进共同富裕的应有之义，是促进形成强大国内市场、构建新发展格局的重要内容，对增强人民群众获得感、幸福感、安全感，促进人的全面发展和社会全面进步具有十分重要的意义。从表3.4可知，各地区为切实增强人民群众获得感、幸福感、安全感，加快发展公共服务业，全国公共服务业地区工资差异呈缩小趋势。同时，由于东部、中部和西部地区经济发展水平、城市规划、社会组织模式等存在差异，中国公共服务业工资差异具有地区异质性。例如，西藏由于经济社会发展相对滞后，基础设施不完善，公共服务供需不匹配，城镇对乡村的各项辐射带动能力不足等因素，基本公共服务覆盖面积小，这在一定程度上使得公共服务业的工资较低。

表 3.3 2005～2020 年中国生活性服务业地区工资差异

地区	2005 年	2006 年	2007 年	2008 年	2009 年	2010 年	2011 年	2012 年	2013 年	2014 年	2015 年	2016 年	2017 年	2018 年	2019 年	2020 年
北京	3.45	3.21	3.42	3.49	3.30	3.25	3.00	2.90	2.62	2.43	2.57	2.55	2.56	2.61	2.69	2.75
天津	1.98	2.06	2.08	2.18	2.02	2.30	2.17	2.10	1.84	1.77	1.91	1.92	1.62	1.74	1.89	1.78
河北	0.59	0.56	0.55	0.57	0.60	0.60	0.56	0.58	0.54	0.48	0.53	0.55	0.45	0.47	0.51	0.53
山西	0.68	0.64	0.66	0.64	0.65	0.64	0.60	0.71	0.63	0.58	0.56	0.55	0.54	0.59	0.53	0.56
内蒙古	0.65	0.72	0.70	0.73	0.73	0.75	0.69	0.63	0.70	0.61	0.62	0.58	0.60	0.57	0.53	0.53
辽宁	0.81	0.81	0.76	0.79	0.91	0.86	0.81	0.72	0.79	0.78	0.73	0.69	0.67	0.70	0.64	0.64
吉林	0.58	0.62	0.63	0.61	0.61	0.63	0.56	0.54	0.59	0.32	0.61	0.62	0.65	0.64	0.58	0.57
黑龙江	0.93	1.01	0.98	0.98	1.00	1.00	0.79	0.76	0.86	0.76	0.80	0.82	0.80	0.73	0.54	0.47
上海	3.07	2.95	2.64	2.75	2.79	2.86	4.18	4.60	3.73	4.35	4.12	4.29	4.54	4.70	4.57	5.02
江苏	1.13	1.13	1.12	1.11	1.16	1.12	1.04	0.98	1.36	1.25	1.37	1.35	1.37	1.45	1.49	1.53
浙江	1.67	1.59	1.57	1.59	1.61	1.58	1.50	1.34	1.25	1.20	1.28	1.23	1.27	1.31	1.37	1.40
安徽	0.61	0.57	0.61	0.58	0.66	0.68	0.61	0.61	0.71	0.67	0.75	0.75	0.74	0.77	0.82	0.80
福建	0.97	1.01	1.08	1.02	1.06	1.13	1.26	1.32	1.16	1.11	1.21	1.19	1.23	1.28	1.18	1.16
江西	0.52	0.57	0.54	0.52	0.52	0.51	0.62	0.75	0.65	0.64	0.71	0.72	0.71	0.62	0.65	0.66
山东	0.90	0.89	0.89	0.92	0.98	0.90	0.95	0.91	1.01	0.86	0.89	0.88	0.87	0.83	0.81	0.76
河南	0.75	0.82	0.80	0.81	0.81	0.79	0.75	0.71	0.75	0.70	0.77	0.79	0.76	0.64	0.63	0.62

续表

地区	2005 年	2006 年	2007 年	2008 年	2009 年	2010 年	2011 年	2012 年	2013 年	2014 年	2015 年	2016 年	2017 年	2018 年	2019 年	2020 年
湖北	0.71	0.71	0.65	0.67	0.77	0.86	0.88	0.82	1.00	1.20	0.95	0.94	0.98	0.99	1.01	0.89
湖南	0.67	0.68	0.67	0.71	0.72	0.71	0.68	0.63	0.67	0.60	0.68	0.68	0.69	0.72	0.69	0.72
广东	1.71	1.65	1.56	1.49	1.42	1.38	1.34	1.34	1.47	3.48	1.49	1.59	1.57	1.57	1.53	1.41
广西	0.66	0.67	0.65	0.64	0.67	0.64	0.55	0.52	0.51	0.49	0.53	0.54	0.54	0.55	0.56	0.52
海南	0.97	0.97	1.06	1.00	1.04	1.04	1.06	1.15	1.45	1.04	1.08	1.09	1.11	1.17	1.14	1.18
重庆	0.83	0.91	0.96	0.94	1.01	0.99	1.12	1.15	1.05	0.99	1.02	0.99	0.96	0.99	1.10	0.95
四川	0.73	0.69	0.69	0.65	0.65	0.65	0.58	0.58	0.75	0.69	0.71	0.69	0.70	0.69	0.75	0.79
贵州	0.65	0.72	0.74	0.74	0.73	0.71	0.69	0.75	0.71	0.67	0.66	0.67	0.68	0.66	0.63	0.63
云南	0.78	0.78	0.82	0.81	0.82	0.82	0.87	0.89	0.86	0.82	0.88	0.90	0.94	0.93	0.76	0.74
西藏	0.99	0.97	1.09	0.95	0.91	0.85	0.62	0.50	0.67	0.69	0.96	0.88	0.88	0.73	1.02	1.14
陕西	0.70	0.70	0.73	0.77	0.68	0.69	0.65	0.71	0.81	0.72	0.77	0.76	0.83	0.78	0.78	0.75
甘肃	0.56	0.56	0.51	0.48	0.47	0.49	0.39	0.38	0.45	0.12	0.49	0.49	0.48	0.48	0.49	0.51
青海	0.79	0.81	0.80	0.87	0.71	0.68	0.68	0.68	0.61	0.59	0.64	0.63	0.64	0.62	0.61	0.60
宁夏	0.69	0.69	0.75	0.73	0.68	0.60	0.52	0.68	0.62	0.59	0.63	0.59	0.58	0.56	0.51	0.58
新疆	0.71	0.71	0.71	0.67	0.66	0.68	0.81	0.67	0.60	0.53	0.57	0.59	0.59	0.51	0.54	0.51

资料来源：根据历年《中国统计年鉴》相关数据测算得到。

表 3.4 2005～2020 年中国公共服务业地区工资差异

地区	2005 年	2006 年	2007 年	2008 年	2009 年	2010 年	2011 年	2012 年	2013 年	2014 年	2015 年	2016 年	2017 年	2018 年	2019 年	2020 年
北京	0.92	0.89	0.76	0.72	0.64	0.62	0.66	0.66	0.69	0.65	0.64	0.62	0.66	0.69	0.78	0.76
天津	1.02	1.03	0.96	1.04	1.10	1.16	1.12	1.00	1.05	1.01	0.94	0.96	0.97	0.90	0.85	0.84
河北	0.83	0.81	0.83	0.90	0.93	0.92	0.91	0.88	0.87	0.82	0.90	0.93	0.97	0.93	0.90	0.87
山西	0.75	0.76	0.73	0.77	0.77	0.77	0.79	0.78	0.84	0.80	0.88	0.86	0.85	0.82	0.77	0.78
内蒙古	0.99	1.00	0.97	1.02	1.10	1.15	1.23	1.25	1.22	1.11	1.08	1.06	1.02	0.97	0.95	0.92
辽宁	0.89	0.86	0.88	0.90	0.93	0.91	0.87	0.87	0.85	0.85	0.78	0.77	0.75	0.74	0.77	0.80
吉林	0.78	0.78	0.84	0.82	0.81	0.79	0.81	0.85	0.86	1.10	0.84	0.85	0.84	0.85	0.86	0.82
黑龙江	0.79	0.77	0.78	0.79	0.81	0.78	0.78	0.78	0.80	0.78	0.84	0.82	0.77	0.76	0.78	0.79
上海	1.02	1.09	0.97	0.99	0.94	0.91	0.94	0.86	0.72	0.58	0.55	0.53	0.50	0.48	0.59	0.64
江苏	1.31	1.35	1.28	1.31	1.35	1.35	1.37	1.39	1.12	1.05	1.03	1.07	1.11	1.10	1.18	1.22
浙江	1.97	1.80	1.64	1.46	1.44	1.37	1.31	1.27	1.38	1.29	1.26	1.29	1.29	1.32	1.32	1.33
安徽	0.91	0.92	0.95	0.97	0.95	0.96	1.00	1.04	1.03	0.93	0.97	0.96	0.99	1.08	1.04	1.05
福建	1.05	1.03	0.99	0.99	1.01	0.96	1.01	1.03	1.03	0.96	0.94	0.94	0.95	0.97	1.01	1.03
江西	0.86	0.83	0.85	0.83	0.87	0.92	0.95	0.97	1.00	0.96	0.99	1.03	1.04	1.07	1.06	1.07
山东	1.07	1.09	1.07	1.06	1.03	1.03	1.01	1.01	1.02	0.99	1.07	1.07	1.06	1.03	1.07	1.05
河南	0.76	0.81	0.89	0.92	0.92	0.91	0.90	0.90	0.89	0.84	0.80	0.80	0.85	0.92	0.88	0.85

续表

地区	2005 年	2006 年	2007 年	2008 年	2009 年	2010 年	2011 年	2012 年	2013 年	2014 年	2015 年	2016 年	2017 年	2018 年	2019 年	2020 年
湖北	0. 82	0. 83	0. 85	0. 80	0. 85	0. 92	0. 88	0. 88	0. 82	0. 80	0. 87	0. 91	0. 93	0. 94	0. 95	0. 93
湖南	0. 98	0. 98	1. 01	0. 99	0. 95	0. 92	0. 92	0. 93	0. 96	0. 90	0. 93	0. 99	1. 02	1. 02	0. 96	0. 97
广东	1. 29	1. 22	1. 16	1. 12	1. 10	1. 08	1. 05	1. 05	0. 92	0. 86	0. 85	0. 85	0. 88	0. 86	0. 96	1. 01
广西	0. 88	0. 92	0. 92	0. 96	0. 93	0. 94	0. 89	0. 86	0. 94	0. 88	1. 01	1. 04	1. 05	1. 04	1. 05	1. 06
海南	0. 91	0. 87	0. 86	0. 83	0. 83	0. 93	0. 95	0. 92	0. 84	0. 89	0. 92	0. 87	0. 81	0. 83	0. 88	0. 81
重庆	0. 91	0. 92	0. 90	0. 91	0. 94	0. 93	0. 95	0. 94	0. 89	0. 91	0. 93	0. 94	0. 96	1. 01	1. 02	1. 03
四川	0. 95	0. 93	0. 96	0. 98	1. 02	1. 05	1. 11	1. 15	1. 06	0. 98	1. 05	1. 04	1. 03	1. 05	1. 10	1. 05
贵州	0. 82	0. 90	0. 93	0. 93	0. 95	0. 92	0. 96	1. 06	1. 14	1. 12	1. 22	1. 24	1. 22	1. 18	1. 13	1. 15
云南	0. 90	0. 96	0. 85	0. 87	0. 91	0. 89	0. 90	0. 89	0. 94	0. 90	0. 99	1. 12	1. 22	1. 20	1. 25	1. 24
西藏	2. 12	1. 98	2. 39	2. 13	1. 93	1. 93	1. 74	1. 62	1. 75	2. 80	2. 59	2. 29	2. 15	2. 12	1. 84	1. 67
陕西	0. 73	0. 72	0. 81	0. 90	0. 98	0. 98	0. 96	1. 00	0. 96	0. 82	0. 79	0. 78	0. 77	0. 77	0. 79	0. 77
甘肃	0. 88	0. 90	0. 92	0. 94	0. 96	0. 93	0. 87	0. 95	1. 07	1. 38	1. 10	1. 11	1. 07	1. 07	1. 05	1. 02
青海	1. 06	1. 14	1. 12	1. 18	1. 14	1. 12	1. 15	1. 07	1. 19	1. 16	1. 12	1. 14	1. 20	1. 24	1. 21	1. 29
宁夏	0. 95	0. 97	1. 03	1. 03	0. 99	0. 96	1. 00	1. 02	1. 05	0. 99	1. 04	1. 05	1. 05	1. 04	1. 02	1. 18
新疆	0. 98	1. 00	1. 00	1. 00	0. 99	1. 05	1. 05	1. 14	1. 16	1. 06	1. 18	1. 16	1. 10	1. 07	1. 02	1. 03

资料来源：根据历年《中国统计年鉴》相关数据测算得到。

综上所述，中国东部与中部地区公共服务业工资差异相对较小，而与西部地区的公共服务业工资差异较大。但值得注意的是，西部地区公共服务业发展相对较慢，其原因可能在于地广人稀的自然地理条件；基础设施建设不完善，难以适应经济发展和创新要求；基本公共服务资源配置不均衡，难以整合基层基本公共服务资源，公共服务业效率偏低。

3.3 中国服务业外商直接投资发展现状

3.3.1 中国服务业外商直接投资总体发展现状

自加入世界贸易组织（WTO）以来，中国采取大量措施吸引外资。外商直接投资成为中国经济发展的重要动力之一。服务业外商直接投资更是进入了快速发展阶段。从表 3.5 可知，2011 ~ 2020 年外商直接投资中服务业新设企业数呈上升趋势，从 2011 年的 15217 个上升到 2020 年的 33437 个。

表 3.5　　2011 ~ 2020 年中国服务业新设企业数　　单位：个

行业	2011 年	2012 年	2013 年	2014 年	2015 年	2016 年	2017 年	2018 年	2019 年	2020 年
批发和零售业	7259	7029	7349	7978	9156	9399	12283	22853	13837	10812
交通运输、仓储和邮政业	413	397	401	376	449	425	517	754	591	592
住宿和餐饮业	513	505	436	567	611	620	703	854	835	804
信息传输、软件和信息技术服务业	993	926	796	981	1311	1463	3169	7222	4295	3521
金融业	156	282	509	970	2012	2476	1742	2469	865	356
房地产业	466	472	530	446	387	378	737	1053	1050	1190
租赁和商务服务业	3518	3229	3359	3963	4465	4631	5087	9099	5777	7513
科学研究和技术服务业	1357	1287	1241	1611	1970	2444	3391	5819	5183	6252

续表

行业	2011 年	2012 年	2013 年	2014 年	2015 年	2016 年	2017 年	2018 年	2019 年	2020 年
水利、环境和公共设施管理业	151	122	107	99	84	97	156	151	143	223
居民服务、修理和其他服务业	212	192	166	181	217	245	349	485	361	447
教育	15	11	22	20	38	96	203	266	258	210
卫生和社会工作	11	24	18	22	51	77	114	83	111	109
文化、体育和娱乐业	152	145	151	194	238	371	476	749	804	1407
公共管理和社会组织	1	3			5	2	2	4	4	1
合计	15217	14624	15085	17408	20994	22724	28929	51861	34114	33437

资料来源：历年《中国统计年鉴》。

从构成情况来看，2011 年主要集中在批发和零售业，租赁和商务服务业，科学研究和技术服务业，信息传输、软件和信息技术服务业以及住宿和餐饮业。这五个行业的新设企业数量占比为 89.6%。具体来说，批发和零售业新设企业 7259 个，占比为 47.7%，位居首位；租赁和商务服务业新设企业 3518 个，占比为 23.1%，位居第二；科学研究和技术服务业新设企业 1357 个，占比为 8.9%，居第三位；信息传输、软件和信息技术服务业新设企业 993 个，占比为 6.5%；住宿和餐饮业新设企业 513 个，占比为 3.4%。

与 2011 年相比，2012 年外商直接投资中服务业新设企业主要集中行业及占比排名未变，但新设企业总计 14624 个，较上年下降 3.9%。中国外商直接投资设立企业数呈现“持续下跌”态势，究其原因主要有：一是世界经济不景气，外商直接投资处于低迷状态；二是东部地区传统优势减弱致使外商直接投资增量减少；三是中国利用外资政策重点由数量向质量转变，反映了中国利用外资结构得到一定优化；四是部分领域突破较慢，吸引外资阻力较大。

2013 年，外商直接投资中服务业新设企业排名前四的仍旧是批发和零售业，租赁和商务服务业，科学研究和技术服务业，信息传输、软件和信息技术服务业。具体来说，批发和零售业新设企业 7349 个，占比为 48.7%；租赁和商务服务业新设企业 3359 个，占比为 22.3%；科学研究和技术服务业新设企业 1241 个，占比为 8.2%；信息传输、软件和信息技术服务业新设企业 796 个，占比为 5.3%。而作为先导性产业的房地产业逐渐得到重视，2013 年新设企业 530 个，占比为 3.5%，比上年增长 12.3%，超过住宿和餐饮业，位居第五。

2014 年，在国家不断推动金融改革以及进一步扩大开放格局的背景之下，金融业发展迅猛，外商直接投资中金融业新设立企业 970 个，占比 5.6%，较上年增长 90.6%。而此时房地产市场疲软，外商投资陷入低迷，新设企业 446 个，同比下降 15.8%，在外商直接投资服务业新设企业各行业占比排名跌至第七名。

2015 年，金融业继续保持良好态势。新设企业 2012 个，是 2011 年的 12.9 倍，年均增长率高达 89.5%。与此同时，批发和零售业新设企业 9156 个，占比为 43.6%；租赁和商务服务业新设企业数为 4465 个，占比为 21.3%；科学研究和技术服务业新设立企业 1970 个，占比为 9.4%；信息传输、软件和信息技术服务业新设立企业 1311 个，占比为 6.2%。

2016 年，各行业新设企业数总体占比排名与 2015 年相似，新设企业总计 22724 个，较上年稳定增长 8.4%。2017 年，相关部门密集出台了一系列强监管、防风险、去杠杆的举措，这使得外商直接投资金融行业受到一定影响。2017 年，外商直接投资在金融业新设企业 1742 个，甚至低于 2015 年，占比排名跌至第五名。

2018 年，国家实施开发区创新提升工程，深化“放管服”改革，加大外商直接投资促进和保护力度，成效显著。外商直接投资中服务业新设企业 51861 个，较 2017 年增长 79.3%，主要集中在批发和零售业，租赁和商务服务业，信息传输、软件和信息技术服务业，科学研究和技术服务业以及金融业。具体来说，批发和零售业新设企业 22853 个，占比为 44.1%；租赁和商务服务业新设企业 9099 个，占比为 17.5%；信息传输、软件和信息技术服务业新设企业 7222 个，占比为 13.9%；科学研究和技术服务业新设企业 5819 个，占比为 11.2%；金融业新设企业 2469 个，占比为 4.8%。

虽然中国积极参与经济全球化的发展，但随着全球整体经济增长动能疲弱、贸易摩擦不确定性，中国人民币汇率上涨以及产业结构发生变化等因素，服务业外商直接投资出现下降趋势。2019 年，外商直接投资中服务业新设企业 34114 个，较 2018 年下降 34.2%。

2020 年，面对新冠疫情严峻挑战，全年外商直接投资中服务业新设企业 33437 个，同比下降 2.0%。但疫情对文化、体育和娱乐业影响较小，外商直接投资对其保持持续增长趋势，且增长速度越来越快，2020 年新设企业 1407 个，占比为 4.2%，同比增长 75%，居第五位。

总的来说，2011～2020 年外商直接投资中服务业新设企业数呈良好发展态势。其中，批发和零售业、租赁和商务服务业排名靠前。同时，外商直接投资选择偏好逐渐由传统产业转向新兴以及高附加值产业。

与新设企业数相似，2011～2020 年中国服务业实际使用外资金额同样呈上升趋势，从 2011 年的 582.53 亿美元上升至 2020 年的 1072.00 亿美元（见表 3.6）。

表 3.6　2011～2020 年中国服务业实际使用外资金额　单位：亿美元

行业	2011 年	2012 年	2013 年	2014 年	2015 年	2016 年	2017 年	2018 年	2019 年	2020 年
批发和零售业	84.25	94.62	115.11	94.63	120.23	158.70	114.78	97.67	90.50	118.44
交通运输、仓储和邮政业	31.91	34.74	42.17	44.56	41.86	50.89	55.88	47.27	45.33	49.99
住宿和餐饮业	8.43	7.02	7.72	6.50	4.34	3.65	4.19	9.01	9.72	8.24
信息传输、软件和信息技术服务业	26.99	33.58	28.81	27.55	38.36	84.42	209.19	116.61	146.82	164.31
金融业	19.10	21.19	23.30	41.82	149.69	102.89	79.21	87.04	71.32	64.82
房地产业	268.82	241.25	287.98	346.26	289.95	196.55	168.56	224.67	234.72	203.31
租赁和商务服务业	83.82	82.11	103.62	124.86	100.50	161.32	167.39	188.75	220.73	265.62
科学研究和技术服务业	24.58	30.96	27.50	32.55	45.29	65.20	68.44	68.13	111.68	179.40
水利、环境和公共设施管理业	8.64	8.50	10.36	5.73	4.33	4.22	5.70	4.74	5.22	5.68

续表

行业	2011年	2012年	2013年	2014年	2015年	2016年	2017年	2018年	2019年	2020年
居民服务、修理和其他服务业	18.84	11.651	6.57	7.18	7.21	4.90	5.67	5.62	5.42	3.08
教育	0.04	0.34	0.18	0.21	0.29	0.94	0.77	0.74	2.22	2.81
卫生和社会工作	0.78	0.64	0.64	0.78	1.43	2.54	3.05	3.02	2.72	2.35
文化、体育和娱乐业	6.35	5.37	8.21	8.23	7.89	2.67	6.98	5.23	6.30	3.96
公共管理和社会组织	0.0066	0.0005	0.0005	0.0930			0.3057	0.0012	0.0166	
合计	582.53	571.96	662.17	740.96	811.38	838.91	890.11	858.50	952.73	1072.00

资料来源：历年《中国统计年鉴》。

从构成情况来看，2011 年主要集中在房地产业，批发和零售业，租赁和商务服务业，交通运输、仓储和邮政业以及信息传输、软件和信息技术服务业。这五个行业的实际使用外资金额占比为 85.1%。外商直接投资在房地产业新设立企业数虽不突出，但由于其具有与其他产业相互关联的特点，作为支柱产业，实际使用外资金额为 268.82 亿美元，占比为 46.1%，位居首位；批发和零售业实际使用外资金额为 84.25 亿美元，占比为 14.5%，位居第二；租赁和商务服务业实际使用外资金额为 83.82 亿美元，占比为 14.4%，位居第三；交通运输、仓储和邮政业实际使用外资金额为 31.91 亿美元，占比为 5.5%；信息传输、软件和信息技术服务业实际使用外资金额为 26.99 亿美元，占比为 4.6%。

2012 年以及 2013 年外商直接投资中服务业各行业实际使用外资情况占比排名与 2011 年相似，但 2012 年中国实际使用外资总体金额较 2011 年有所下降。2013 年，中国实际使用外资总金额出现回升，达 662.17 亿美元。

2014 年主要集中在房地产业，租赁和商务服务业，批发和零售业，交通运输、仓储和邮政业以及金融业，这五个行业的实际使用外资金额占比为 88%。具体来说，房地产业稳居第一，实际使用外资金额为 346.26 亿美元，占比为46.7%；租赁和商务服务业实际使用外资金额124.86亿美元，占比为16.9%，同比增长20.5%，而批发和零售业同比下降17.8%，租赁和商务服务超过批发和零售业位居第二。2014年，金融市场各项改革和发展措施稳步推进，产品创新不断深化，金融业发展迅速，得到外商直接投资重视，实际使用外资金额41.82亿美元，约是2011年的2.2倍，占比5.6%，位列第五。

2015年房地产业实际使用外资金额虽仍居第一，但首次出现下跌，为289.95亿美元，较2014年下降16.3%。值得注意的是，科学研究和技术服务业的外商直接投资规模扩大，实际使用外资金额45.29亿美元，占比5.6%，位列第五。与此同时，住宿和餐饮业，交通运输、仓储和邮政业，水利、环境和公共设施管理业的实际使用外资金额都有一定程度的下降。由此可见，外商直接投资选择偏好逐渐由传统产业转向知识密集型以及高附加值产业。

“十三五”期间（2016～2020年），中国高度重视信息传输、软件和信息技术服务业发展，持续加强顶层设计，建立健全政策体系。2016年信息传输、软件和信息技术服务业实际使用外资金额为84.42亿美元，是2015年的2.2倍，位列第五。2017年，信息传输、软件和信息技术服务业实际使用外资金额高达209.19亿美元，占比达23.5%，年均增速达40.6%。

2018年全球外商直接投资大幅下降，中国同样受其影响。2018年外商投资金额总额为858.50亿美元，同比下降3.6%。但房地产行业发展乐观，使用外资金额达224.67亿美元，同比增长33.3%，位居第一。

2019～2020年，虽受疫情影响，但由于中国市场具备较大的成长潜力以及增量空间，同时中国不断持续扩大对外开放，中国服务业实际使用外资金额不减反增。2020年中国服务业实际使用外资金额更是突破千万美元大关，达1072亿美元。

总的来说，中国服务业实际使用外资金额态势持续向好，同时逐渐由传统服务业转向知识密集型以及高附加值服务业。

3.3.2　服务业外商直接投资分行业的现状分析

由图3.7可知，2011～2020年中国生产性服务业新设企业数总体呈现先上升后下降又上升的趋势。六类生产性服务业新设企业数发展趋势大体一致。2018年，在全球外商直接投资流量连续三年下滑的背景下，中国扩大市场开放为外资提供了广阔的发展空间，生产性服务业设立企业数也在 2018 年达到最高点，展现出较强的韧性。其中，租赁和商务服务业作为新兴的行业，更是得到了外资的青睐。

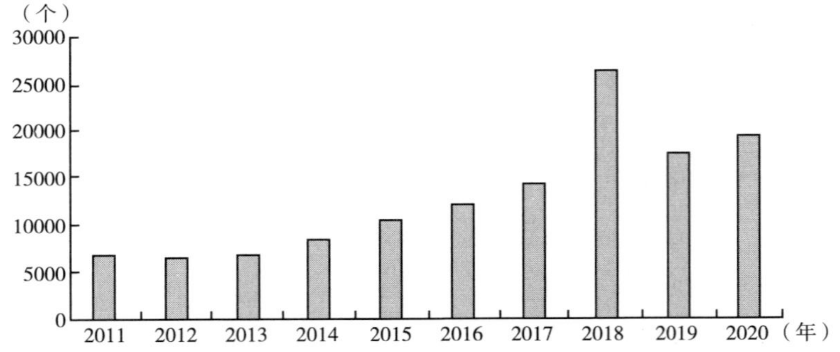

图 3.7　2011 ~ 2020 年中国生产性服务业新设企业数

资料来源：历年《中国统计年鉴》。

中国加入 WTO 以后，逐渐认识到服务业尤其是生产性服务业的重要性。服务业具有可经营性、规模大的特点，是吸引外资的重要行业之一。由图 3.8 可知，2011 ~ 2020 年中国生产性服务业实际使用外资金额整体呈上升趋势，这表明生产性服务业对外资的吸引力不断增强，已成为中国利用外资的重要领域，为促进服务业结构高级化调整作出了积极贡献。

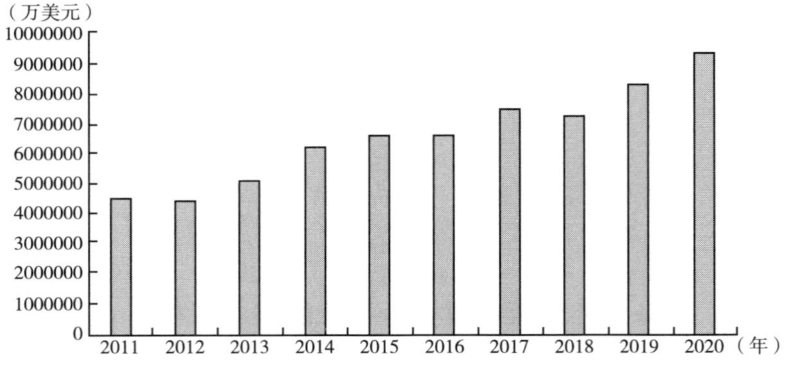

图 3.8　2011 ~ 2020 年中国生产性服务业实际使用外资金额

资料来源：历年《中国统计年鉴》。

关于生活性服务业吸引外商直接投资的现状，由图 3.9 可知，2011～2020 年中国生活性服务业新设企业数整体呈现先上升后下降的趋势。2018 年中国启动实施外资促进行动计划，生活性服务业进一步放宽外资市场准入，提高外商投资的开放水平，新设企业数在 2018 年达到最高点。需要指出的是，2011～2020 年中国生活性服务业新设企业数最高的行业均为批发和零售业，由此可知，在生活性服务业的发展过程中，外资在批发和零售业的规模不断扩大，网点增多。

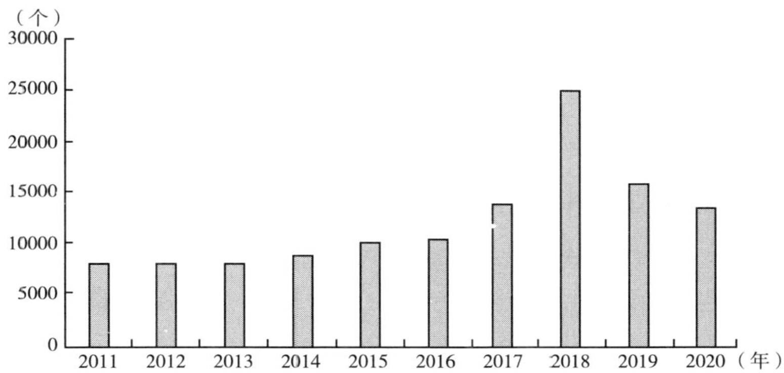

图 3.9　2011～2020 年中国生活性服务业新设立企业数

资料来源：历年《中国统计年鉴》。

此外，从图 3.10 可知，2011～2020 年中国生活性服务业实际使用外资金额整体呈现周期性变化特征。相比住宿和餐饮业，文化、体育和娱乐业以及居民服务、修理和其他服务业的贡献率几乎没有发生变化，处在一个平稳状态。批发和零售业作为社会化大生产的重要环节，其实际使用外资金额一直处于较高水平，且占比稳定，但其中也不乏波动情况发生。2014 年，受宏观经济持续放缓，原材料工资上涨等因素的影响，大型零售企业出现“关店潮”，批发和零售业实际使用外资金额 946340 万美元，同比下降 17.8%。虽然 2016 年批发和零售业转型升级，创新发展颇有成效，带动中国生活性服务业实际使用外资金额达到最高点，但受到中国经济增速放缓、房价高企、股市疲软、实体企业不振等因素的影响，在 2017～2019 年迎来下跌。2020 年疫情虽对传统批发和零售业造成一定冲击，但是线上线下一体化已成为中国零售业增长的新引擎。事实上，线上线下零售业态具有巨大的发展潜力和广阔的发展前景，从而吸引了更多的外资企业在该行业投资。

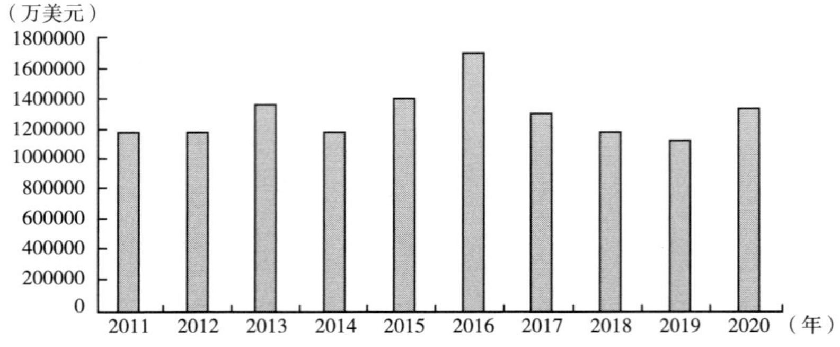

图 3.10　2011～2020 年中国生活性服务业实际使用外资金额

资料来源：历年《中国统计年鉴》。

关于公共服务业外商直接投资的现状，从图 3.11 可知，2011～2020 年公共服务业新设企业数总体呈现先下降后上升的趋势。具体来说，2011～2014 年公共服务行业新设企业数有限，从 2015 年开始，公共服务业新设企业数逐渐呈现出良好的发展态势。2017 年，中国政府积极营造更加公平透明便利、更有吸引力的投资环境，在全球外商直接投资同比下降 23.4% 的情况下，中国利用外资水平逆势上涨，全国服务业新设外商投资企业同比增长 27.8%，创历史新高。公共服务业也是如此，新设企业数于 2017 年急速上升，并且之后仍呈增长态势。需要指出的是，2011～2020 年公共服务业中教育行业新设立企业数最多。

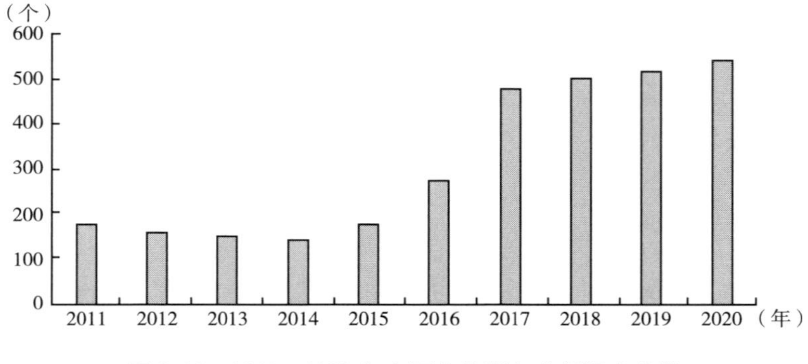

图 3.11　2011～2020 年中国公共服务业新设企业数

资料来源：历年《中国统计年鉴》。

此外，如图3.12所示，2011～2020年中国公共服务业实际使用外资金额呈现出阶段性变化特征。虽然贡献率逐渐降低，但水利、环境和公共设施管理业实际使用外资金额在整体中仍处于重要位置。2011～2013年，环境和公共设施管理业投资走高。2014～2015年，中国水利、环境和公共设施管理业实际使用外资金额出现下降。2016～2017年，在国内一系列利好政策的推动下，水利、环境和公共设施管理业外商直接投资再次迎来热潮。2018年，全球金融危机爆发，全球经济疲软，水利、环境和公共设施管理业吸引外资金额再次下降。2018～2020年，虽然水利、环境和公共设施管理业实际使用外资金额有一定程度的上升，但仍旧处于一个低增长时期。但总体来说，2018年之后，中国公共服务业实际使用金额不断提高，这反映出在全球范围内中国公共服务业仍然对跨国企业具有较强吸引力。

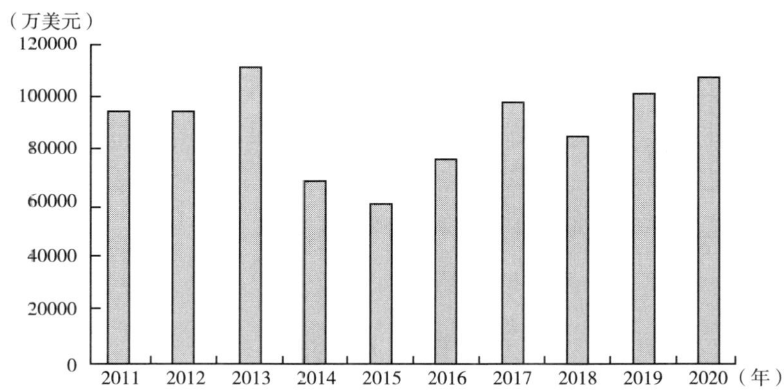

图3.12　2011～2020年中国公共服务业实际使用外资金额

资料来源：历年《中国统计年鉴》。

3.3.3　服务业外商直接投资分地区的现状分析

根据数据的可获得性，本章选取24个省（区、市）服务业实际利用外商投资额进行分析比较①。广东的服务业外商直接投资水平较高，2020年达

---

① 注：24个省（区、市）分别为：北京、天津、河北、内蒙古、辽宁、黑龙江、上海、江苏、浙江、安徽、福建、江西、山东、河南、湖北、湖南、广东、广西、重庆、贵州、云南、陕西、甘肃、新疆。

1282.21 亿美元，远高于其他地区，尤其是中西部地区。统计数据表明，改革开放以来，中国吸引服务业外商直接投资的地区集中在广东、上海、江苏等开放程度较高、经济水平较发达、劳动者素质较高、产业结构较合理的地区。

具体来说，在对外开放方面，中国对外开放的政策是从东部向西部、从沿海向内陆循序渐进地开放，较好的政策有助于优化外商投资环境、对接国际高标准经贸规则，从而对服务业外资的吸引力更强。在经济发展水平方面，东部地区的规模市场优势明显。沈迟（2021）指出，2020 年东部地区 GDP 占全国 GDP 的比重超过了 50%。事实上，较大的规模市场蕴藏着巨大的发展潜力，在服务供给、市场需求、产业配套等方面增强了对服务业外资吸引力。在劳动力素质方面，高层次人才布局不均衡，东部地区高校和科研院所众多。数据统计表明，2020 年，从博士研究生占区域就业人口的比重来看，排名前五位的地区均集中在东部地区，分别是北京、上海、江苏、浙江、广东。东部地区高层次人才集聚，为服务业发展尤其是高端服务业发展提供了智力支撑，从而有利于吸引服务业外商直接投资。在产业结构方面，自改革开放以来，东部地区凭借自身优势形成了较为合理的产业结构，特别是近年来东部地区通过“腾笼换鸟”外迁传统产业、发展现代产业，实现了产业升级。产业发展层次越高，附加值越大，对服务业外资的吸引力较强。

3.4 小结

本章分析了服务业地区工资差异和服务业外商直接投资现状，得出如下结论：

第一，中国服务业工资的变化趋势显示，近年来，中国服务业劳动力工资总体呈现上涨趋势，这与经济发展、劳动力供不应求、生存工资、政府干预等有关。从服务业不同行业来看，服务业工资在各行业差异明显，其中生产性服务业劳动力工资较高。从不同区域来看，东部地区服务业工资水平高于中西部地区，这是当前中国服务业发展不平衡的重要表现之一。

第二，中国服务业地区工资差异的测算结果表明，中国服务业地区工资差异总体呈现出东部地区的工资差异远高于其他区域的特点，其中北京、上海等地尤其突出。此外，生产性服务业工资、生活性服务业工资和公共服务业工资在各地区差异明显。

第三，中国服务业外商直接投资发展现状显示，自加入世界贸易组织以来，中国服务业外商直接投资在波动中不断上升。从服务业外商直接投资占外商直接投资的比重来看，服务业在整体格局中的比重于2011年首次超越第二产业投资额。从区域流向来看，以“四大板块”为划分依据，服务业外商直接投资规模呈现出“东多西少”的特征。

第4章　中国服务业结构高级化的发展现状

4.1　中国服务业的发展历程

新中国成立以来，中国服务业在改革实践中不断发展。回顾中国服务业发展的历程，总结过去中国服务业发展的经验和启示，对未来中国服务业的发展具有重要意义。多项研究表明，中国服务业的发展模式已经从以传统服务业为主转变为现代服务业加速崛起。在这一转变期间，中国服务业发展主要经历了六个阶段。

初步探索阶段（1949～1977年）。1949～1977年，中国服务业改革处于初步探索阶段。在新中国成立之初，中国还是一个落后的农业大国，1953年开始实施“一五”计划，全面实行计划经济体制。在这一时期，中国实施优先发展重工业战略，将有限的资源集中在一些基础工业的发展上，此时，中国工业产值占GDP的比重大幅提升。在第二个五年计划时期，中国产业发展继续向重工业方面倾斜，随后，中国的经济结构虽然有所调整，但调整的重点仍然是工业和农业，服务业的发展非常有限。由此可见，在这一时期，中国服务业处于被严重抑制的阶段。

探索恢复阶段（1978～1983年）。1978～1983年，改革开放激发了市场活力，在就业和需求的压力下，服务业的发展也产生了新的动力，此时，中国服务业的发展处于探索恢复阶段。在这一时期，改革的动力主要是缓解服务业的就业压力和供给不足而产生的需求压力，允许私营经济和个体经济在服务业领域边际增长。在这一阶段，虽然国家对服务业的重视程度有所提升，服务业相关的理论研究相比前一阶段也有了有一定的发展，但其研究水平仍然较低，而且中国服务业发展的实践经验有限，相关的制度和政策也不够完善。所以，在这一阶段，中国服务业的改革主要是从现实需求出发，不断总结经验，在探索中恢复服务业的发展。

启动发展阶段（1984～1991年）。1984～1991年是中国服务业的启动发展阶段。在增长压力的推动下，服务业迎来了改革思想大解放，中国服务业开启了产业化、市场化的新征程。1978年以来，中国进行了服务业的边际化改革，并对服务业相关概念、意义、作用等进行了理论研究和实践探索。1984年，有关政府部门深刻认识到服务业对中国国民经济发展的重要作用，促进服务业发展的相关政策陆续出台，释放服务业的增长潜力变为服务业改革的重点。1986年，"七五"计划提出，第三产业发展是经济结构调整的一个重要方面。随着国家对服务业的关注度越来越高，服务业领域的相关研究也在不断增加，中国服务业的发展呈现出向好的态势。

快速发展阶段（1992～2000年）。1992～2000年，中国服务业迈入发展的快车道。邓小平南方谈话把改革开放和现代化建设推向新阶段，此时，中国服务业迎来了发展的机遇期。1992年颁布的《关于加快发展第三产业的决定》提出了要全面、快速发展第三产业的任务，这对于中国服务业的发展具有重大意义。在这一时期，中国迅速推动服务业的改革开放，无论是在理论政策方面，还是实践层面，都表现出对服务业发展的积极态度，由最初的限制政策转变为鼓励开放。改革开放为中国服务业提供了新机遇，大大促进了这一时期服务业的发展。具体而言，自1978年实施改革开放以来，中国经济取得了显著的进步，居民收入水平不断上升，居民储蓄不断增加，催生了新的服务需求，进而使得服务业的内生发展诉求与中国的改革开放红利产生叠加。这不仅为中国服务业创造了良好的发展环境，同时为服务业的繁荣发展提供了新思路。

赶超发展阶段（2001～2012年）。2001～2012年是中国服务业的赶超发展阶段。2001年12月11日中国正式加入WTO之后，中国服务业发展有了新的突破。服务业的全面开放进入过渡阶段，同时也面临新的挑战。按照加入WTO的承诺，从2006年11月12日起，除个别领域外，中国要取消服务业对外资的限制。为了打破服务业的垄断和壁垒，中国加大了服务业市场的开放力度，如金融、保险等重要领域的开放程度显著提升。与此同时，随着中国服务业开放程度的进一步扩大，教育、文化、医疗等领域有序开放，商贸物流、育幼养老以及电子商务等重要领域也逐步放宽外资市场准入。在该阶段，服务业成为国家产业升级和产业结构调整的重要支撑，服务业对经济发展的作用也在不断增强，全球服务业竞争达到了空前激烈的程度。

超越发展阶段（2013 年至今）。党的十八大以来，随着中国经济结构转型升级的加快，中国服务业正式进入超越发展阶段，服务业在国民经济中的作用越发明显，成为国民经济发展的重要贡献力量。在该阶段，服务业的对外开放度不断提高，“引进来”和“走出去”步伐迅速加快。党的十八大提出了加快实施自由贸易区战略，这是中国新一轮对外开放的重大战略。2013 年 9 月 29 日，中国上海自由贸易区正式挂牌成立，试验区在贸易服务、金融开放、外商投资等方面进行探索，极大地推进了中国服务业对外开放。为进一步构建服务业高水平对外开放的格局，2015 年中国在北京开展了服务业扩大开放综合试点。2021 年综合试点扩大到重庆、海南、天津以及上海。服务业高水平的对外开放不仅有利于服务业创新发展，更有利于构建优质高效的服务业新体系。

中国服务业的发展经历了六个阶段，为服务业的发展壮大奠定了坚实的基础。如今，随着中国经济不断发展，社会的主要矛盾已转化为人民日益增长的美好生活需要和不平衡不充分的发展之间的矛盾。面对新一轮的科技革命和服务业全球化的挑战，服务业的改革也进入了前所未有的机遇期。中国需要从服务大国向服务强国转变，努力寻求新的突破点和创新点，为中国服务业转型升级、发展壮大提供有利条件。

4.2　中国服务业结构高级化取得的成绩

4.2.1　高端服务业能级提升

经济社会发展到一定阶段时，高端服务业产生并开始提供服务。由于高端服务业主要是技术化、知识化、智力化、效率化的服务业，因此高端服务业的发展可以推动服务业的转型升级。

自改革开放以来，中国现代信息服务业随着移动通信技术的迅猛发展而不断壮大。《2020 年通信业统计公报》显示，2020 年中国电信业务收入达 1.36 万亿元，电信业务总量呈现出快速增长的趋势，同时新兴业务也在逐步壮大。在网络速率方面，中国宽带网络建设快速推进，光纤宽带普及率不断提升，农村和城市已实现了“同网同速”。在网络基础设施方面，中国采取了适度超前的原则，从2G跟随、3G突破、4G同步到5G引领，已经初步形成了全球领先的优势，目前正朝着网络强国的方向迈进。除此以外，中国新一代信息技术产业呈加速发展趋势。文兼武（2020）指出，2018年，新一代信息技术产业实现工业产值占工业战略性新兴产业产值的比重比2014年高6.1个百分点，信息技术产业发展态势向好。

与此同时，中国金融业也在不断发展壮大，特别是2012年以来，金融体制改革不断推进并取得了显著的成效。第一，中国金融市场规模巨大。近年来，中国金融业增加值占GDP的比重逐步增加，数据显示，2019年中国金融业增加值达77077亿元，占GDP的比重为7.8%，较2018年增加了0.3个百分点，这一增长为经济发展作出了重要贡献。第二，中国积极发展多层次资本市场。除了优化国有银行的经营发展方式外，中国还在不断深化中小银行改革，并积极发展债券市场、金融期货市场以及其他衍生品市场，这些举措使得整个资本市场越来越活跃。第三，中国积极推动金融市场的开放，国际影响力越来越大。近年来，中国加快了与全球大市场的融合，在世界金融治理体系中的话语权不断提升。2015年12月25日，中国提出并成功创建了亚洲基础设施投资银行，这对亚洲经济的持续稳定发展起到了巨大的推动作用。2015年11月，人民币获准加入特别提款权（SDR）货币篮子，并于2016年10月1日正式实施，这不仅有利于推动人民币的国际化进程，而且能够优化国内债券市场的发展。2017年6月20日，摩根士丹利资本国际公司宣布从2018年6月开始将中国A股纳入MSCI新兴市场指数和全球基准指数（ACWI），这一决定标志着中国资本市场对外开放迈出了重要的一步，对于推动中国经济的国际化具有重要意义。

4.2.2 数字经济引领服务业新发展

近年来，中国数字经济蓬勃发展。从图4.1可知，中国数字经济规模持续扩大，呈现出良好的发展趋势，2019年中国数字经济增加值达35.8万亿元，占GDP的比重为36.2%。值得一提的是，北京和上海是中国数字经济发展最为突出的城市，两地数字经济GDP占比均超过50%。《中国数字经济发展白皮书（2020年）》指出，2014~2019年，数字经济对中国GDP增长的贡献率一直保持在50%以上，2019年甚至达到了67.7%。理论研究表明，数字经济的发展不但能释放经济增长潜力，而且可以催生出大量新业态，能极大促进服务业提质扩容和转型升级。具体来说，在信息传输、软件和信息技术服务业方面，工业互联网、大数据、人工智能等数字技术推动着信息传输、软件和信息技术服务业日益壮大。《2020 年软件和信息技术服务业统计公报》显示，2020 年中国信息传输、软件和信息技术服务业的增加值达 37951 亿元，增速达 16.9%，从增速来看实现了“领跑”。在批发零售业方面，数字经济改变了传统零售业的经营模式，为新零售的发展提供了更多的动力。通过利用数字经济新优势构建数据化、在线化、智能化和融合化的新零售业态，既能改变当前零售业的生产生活方式，也能缓解国内消费品供求矛盾。在物流业方面，数字经济带来的新技术有利于合理配置生产要素，促进物流业企业实现更加精准的供需匹配、更加精细的专业分工、更加智能的物流管理，通过数字经济与物流业的高效融合，推动现代物流业发展。

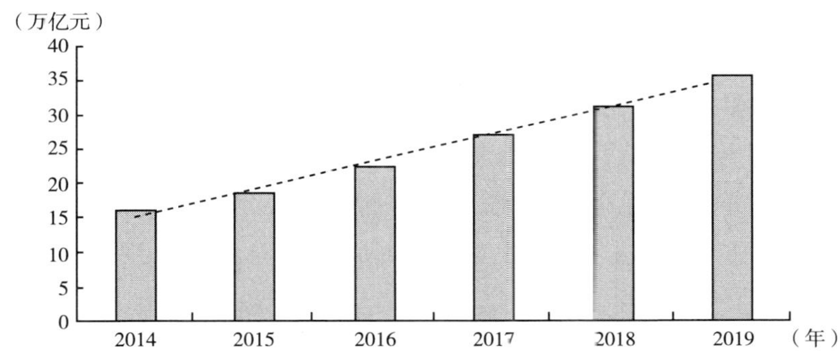

图 4.1　2014～2019 年中国数字经济规模

资料来源：《中国数字经济发展白皮书（2020 年）》。

4.2.3　绿色服务业全产业链持续扩大

党的十八大以来，中国秉持“绿水青山就是金山银山”的理念，努力打造绿色服务业在人才、资源、空间等方面的有效集群，着重发展信息技术服务业、现代物流业、科技服务业、金融服务业、商务服务业等行业，整合优化绿色服务业的全产业链。具体来说：其一，提高服务业绿色发展水平。推动资源节约技术的开发、示范和应用，带动商贸企业绿色升级、信息服务业绿色转型、会展业绿色发展等，逐步实现服务业少投入、高产出、低污染，壮大绿色环保产业。其二，促进绿色服务业产业链融合。加强各地区绿色服务业在人流、资金流、信息流等方面的合作，加快发展供应链物流、跨境电子商务、互联网金融等绿色服务业新兴业态，打造绿色服务支撑平台，推动绿色服务业创新链与产业链融合。其三，优化绿色服务业发展法治环境。根据中国经济发展的实际情况，相关部门正在积极制定相关的法律法规，逐步完善绿色认证体系、绿色标准以及统计监测制度，同时加强绿色服务业的法治建设，推动中国绿色服务业迈上新的发展台阶。

4.2.4 公共服务供给日益完善

通过加强公共服务基础设施建设，优化公共服务供给质量，可以最大限度地满足人民群众对公共服务的需求。基本公共服务是由政府主导提供，保障公民生存和发展基本需要的非营利性、非竞争性、非排他性的服务业。2004 年 9 月，党的十六届四中全会首次提出了“公共服务均等化”理念；2005 年 10 月 11 日，《中共中央关于制定国民经济和社会发展第十一个五年规划的建议》提出“按照公共服务均等化原则”，加大对欠发达地区的支持力度；《国民经济和社会发展第十二个五年规划纲要》进一步要求“推进基本公共服务均等化”；《国民经济和社会发展第十三个五年规划纲要》更是明确提出了“基本公共服务均等化水平稳步提高”；党的十九届五中全会也提出了在“十四五”期间要健全基本公共服务体系。事实上，在国家相关政策的支持下，中国公共服务业量质齐升。首先，制度体系更加健全。养老托育服务、大病保险制度、社会救助制度等一系列关系人民群众基本生活保障的基本公共服务制度日益完善，公共服务的基础性、普惠性和兜底性不断增强。其次，公共服务业保障能力更加稳固。人力资源和社会保障部指出，截至 2020 年底，中国失业保险、工伤保险、基本养老保险、基本医疗保险的参保人数分别为 2.17 亿人、2.68 亿人、9.99 亿人、13.6 亿人，极大地保障了居民的基本需求，中国也因此成为世界上社会保障体系规模最大的国家。最后，各项服务设施更加完善。教育部发布的《2019 年全国教育事业发展统计公报》显示，2019 年全国义务教育阶段学校数量为 21.3 万所，九年义务教育巩固率达 94.8%，比 2018 年提高了 0.6 个百分点，国民受教育机会明显提升。同年，国家统计局发布的《2019 年国民经济和社会发展统计公报》显示，全国共有医疗卫生机构 101.4 万个，年末卫生技术人员 1010 万人，基本医保参保率超过 95%。此外，社会服务也在积极推进，截至 2019 年底，全国共有 3.7 万个提供住宿的社会服务机构，其中包括 3.4 万个养老机构和 663 个儿童服务机构。

4.3　中国服务业结构高级化存在的不足

4.3.1　传统服务业优势依然突出

传统服务业是指为人们提供日常生活所需的各种服务的行业，这些行业主要包括批发零售业，交通运输、仓储和邮政业，住宿和餐饮业等。如表 4.1 所示，从 2005 ~ 2020 年服务业各行业增加值来看，批发零售业的增加值由 2005 年的 13966 亿元，增长至 2020 年的 96086 亿元，增加了 82120 亿元，年均增长率为 13.72%；交通运输、仓储和邮政业由 2005 年的 10666 亿元增长至 2020 年的 40583 亿元，增加了 29917 亿元，年均增长率为 9.32%；住宿和餐饮业增加值由 2005 年的 4196 亿元增长至 2020 年的 15285 亿元，增加了 11089 亿元，年均增长率为 9%。总体来看，这三大类行业的增加值均呈上升趋势。由此可见，传统服务业在国民经济中依然占据很重要的位置，对中国经济的贡献也较大。

此外，随着服务业各行业的产值规模不断变化，其吸纳劳动力的能力也有所变化。从表 4.2 可知，2005 ~ 2020 年服务业内部各行业吸纳的就业人数变化趋势不一。其中，批发零售业，住宿和餐饮业的城镇单位就业在 2013 年达到峰值，交通运输、仓储和邮政业的城镇单位就业在 2014 年达到峰值，这表明中国传统服务业吸纳的就业人数在 2013 年和 2014 年期间已达到饱和。究其原因，当前中国外部经济复杂多变，国内经济发展速度放缓，加之传统服务业劳动力成本攀升和服务业企业运营压力增加，从而导致传统服务业的就业吸纳能力减弱。但是，需要指出的是，尽管目前中国传统服务业的吸纳就业能力有所下降，但从城镇单位就业总量来看，传统服务业依然占据重要位置。从表 4.2 的数据统计可知，批发零售业，交通运输、仓储和邮政业的吸纳就业能力远超过信息传输、软件和信息技术服务业，租赁和商务服务业，科学研究和技术服务业等高端服务业。

表 4.1 **2005～2020 年服务业各行业增加值** 单位：亿元

年份	批发零售业	交通运输、仓储和邮政业	住宿和餐饮业	信息传输、软件和信息技术服务业	金融业	房地产业	租赁和商务服务业	科学研究和技术服务业	水利、环境和公共设施管理业	居民服务、修理和其他服务业	教育	卫生和社会工作	文化、体育和娱乐业	公共管理、社会保障和社会组织
2005	13966	10666	4196	4904	6087	8516	3129	2164	850	3128	5760	2987	1205	7361
2006	16531	12183	4793	5684	8099	10371	3791	2685	946	3542	6407	3326	1363	8837
2007	20938	14601	5548	6706	12338	13810	4695	3441	1111	3997	7693	4014	1631	10830
2008	26182	16363	6616	7860	14864	14739	5608	3993	1266	4628	8888	4629	1922	13784
2009	28985	16727	7118	8164	17768	18655	6191	4722	1480	5272	10482	5083	2231	15162
2010	35904	18777	7712	8951	25680	23570	7475	5691	1803	6412	12019	5857	2675	16303
2011	43731	21834	8565	10182	30678	28168	9425	7040	2131	7517	14364	7394	3134	18079
2012	49831	23755	9537	11800	35188	31248	11216	8356	2555	8157	16172	8975	3530	20102
2013	56284	26036	10228	13549	41191	35988	13307	9737	3052	8625	18429	10997	3866	21693
2014	62424	28501	11159	15940	46665	38001	15276	12251	3473	9706	21160	12734	4275	23509
2015	66187	30488	12154	18546	57873	41701	17112	13480	3852	10854	24253	14955	4931	26623
2016	71291	33059	13358	21899	61122	48191	19483	14591	4254	12793	26770	17092	5484	30643
2017	81157	37122	15056	23809	64844	57086	25273	17445	4603	13725	30208	18549	6625	38849
2018	88904	40337	16521	28734	70610	64623	29469	20175	5096	14793	34001	20653	7301	43923
2019	95651	42466	17903	33392	76251	70445	32638	22624	5861	16983	37934	22355	8138	47791
2020	96086	40583	15285	38244	83618	73425	32468	24166	5863	16353	40092	24396	6981	49262

资料来源：历年《中国统计年鉴》。

表 4.2　2005～2020 年中国服务业分城镇非私营单位就业人员数　单位：万人

年份	批发零售业	交通运输、仓储和邮政业	住宿和餐饮业	信息传输、软件和信息技术服务业	金融业	房地产业	租赁和商务服务业	科学研究和技术服务业	水利、环境和公共设施管理业	居民服务、修理和其他服务业	教育	卫生和社会工作	文化、体育和娱乐业	公共管理、社会保障和社会组织
2005	544.0	613.9	181.2	130.1	359.3	146.5	218.5	227.7	180.4	53.9	1483.2	508.9	122.5	1240.8
2006	515.7	612.7	183.9	138.2	367.4	153.9	236.7	235.5	187.0	56.6	1504.4	525.4	122.4	1265.6
2007	506.9	623.1	185.8	150.2	389.7	166.5	247.2	243.4	193.5	57.4	1520.9	542.8	125.0	1291.2
2008	514.4	627.3	193.2	159.5	417.6	172.7	274.7	257.0	197.3	56.5	1534.0	563.6	126.0	1335.0
2009	520.8	634.4	202.1	173.8	449.0	190.9	290.5	272.6	205.7	58.8	1550.4	595.8	129.5	1394.3
2010	535.1	631.1	209.2	185.8	470.1	211.6	310.1	292.3	218.9	60.2	1581.8	632.5	131.4	1428.5
2011	647.5	662.8	242.7	212.8	505.3	248.6	286.6	298.5	230.3	59.9	1617.8	679.1	135.0	1467.6
2012	711.8	667.5	265.1	222.8	527.8	273.7	292.3	330.7	243.8	62.1	1653.4	719.3	137.7	1541.5
2013	890.8	846.2	304.4	327.3	537.9	373.7	421.9	387.8	259.2	72.3	1687.2	770.0	147.0	1567.0
2014	888.6	861.4	289.3	336.3	566.3	402.2	449.4	408.0	269.1	75.4	1727.3	810.4	145.5	1599.3
2015	883.3	854.4	276.1	349.9	606.8	417.3	474.0	410.6	273.3	75.2	1736.5	841.6	149.1	1637.8
2016	875.0	849.5	269.7	364.1	665.2	431.7	488.4	419.6	269.6	75.4	1729.2	867.0	150.8	1672.6
2017	842.8	843.9	265.9	395.4	688.8	444.8	522.6	420.4	268.5	78.2	1730.4	897.9	152.2	1725.6
2018	823.3	819.0	269.8	424.3	699.3	466.0	529.5	411.5	260.6	77.4	1735.6	912.4	146.6	1817.5
2019	830.0	815.5	265.2	455.3	826.1	510.3	660.4	434.3	244.5	86.3	1909.3	1006.2	151.2	1989.8
2020	786.9	812.2	256.6	487.1	859.0	525.4	643.6	431.2	245.6	82.8	1958.9	1051.9	149.5	1972.2

资料来源：历年《中国统计年鉴》。

4.3.2 生产性服务业发展不成熟

当前，中国的信息技术服务、金融、物流、研发设计等生产性服务行业正在迅速增长，并且专业化水平有所提高。然而，总体来看，中国生产性服务业的发展水平尚不足以支撑现代产业体系的建设。当前，中国生产性服务业总体仍滞后于经济社会发展的要求，生产性服务业供给质量不高、发展不成熟。

首先，中国生产性服务业解决就业的能力有限。尽管生产性服务业发展规模日益壮大，但统计数据显示，信息服务、商务服务、生产租赁服务等生产性服务业的就业偏低。究其原因，生产性服务业主要是人力资本密集型的产业，需要大量高人力资本、高技能的劳动力，但中国服务业从业人员高素质劳动力缺口较大，供需矛盾既不利于扩大就业，也严重制约了服务业向高端化发展。

其次，中国生产性服务业内部行业发展不均衡。受体制、观念、要素供给等因素的影响，当前中国生产性服务业以传统行业为主，高端生产性服务业发展不足。程大中（2021）基于 2014 年世界投入产出数据库（WIOD）跨国投入—产出数据计算发现，中国生产性服务业的发展主要以货物金融服务、现代物流、批发经纪代理服务等传统行业为主，科学研究和技术服务业、人力资源管理与培训服务业比重偏低，因此，转方式、调结构是当前中国生产性服务业发展需要解决的重要问题。

最后，中国生产性服务业与制造业融合发展不足。生产性服务业与制造业融合发展已成为服务业结构高级化的重要途径，但当前中国制造业对生产性服务业的支撑作用有限，制造业的资源利用率、技术创新、国际竞争力等方面与世界高水平依然存在较大差距。另外，生产性服务业对制造业的推力不足，生产性服务业的发展不足、供需不匹配、质量不高等问题导致了生产性服务业和制造业难以实现充分渗透和延伸。

4.3.3 服务业高级化地区差异明显

改革开放以来，随着中国地区经济发展不平衡，地区发展差距的问题日益凸显。从服务业发展来看，中国东、中、西三大经济地带之间的差异扩大使得服务业结构高级化的地区差距明显。

本章采用何德旭（2008）的分类标准和付凌晖（2010）的测算方法，根据角度值定义服务业结构高级化。具体来说，将服务业划分为消费性服务业、公共服务业和生产性服务业，并把每个部分的就业比重作为空间向量中的一个分量，通过构建一组三维向量和一组二维向量，测算出服务业内部由低层次向高层次转移的综合效应。效应越大，说明服务业结构越高级，反之亦然。

具体算法如下：首先，分别利用消费性服务业、公共服务业和生产性服务业的就业比重构成一组三维向量 $X_0 = (x_{1,0}, x_{2,0}, x_{3,0})$，并分别计算 X_0 与服务业由低层次到高层次排列向量 $X_1 = (1,0,0)$、$X_2 = (0,1,0)$、$X_3 = (0,0,1)$ 的夹角 θ_1、θ_2 和 θ_3，$\varphi_1 = \pi - \theta_2 - \theta_3$，表示从消费性服务业向公共服务业和生产性服务业转移的效果。其次，利用公共服务业和生产性服务业的就业比重构成一组二维向量 $X'_0 = (X'_{1,0}, X'_{2,0})$，并分别计算 X'_0 与产业由低层次到高层次排列的向量 $X'_1 = (1,0)$、$X'_2 = (1,0)$、的夹角 η_1 和 η_2，$\varphi_2 = \pi/2 - \eta_2$，表明公共服务业向生产性服务业转移的效应，其中，$\theta_j = \arccos\left\{\frac{\sum_{i=1}^{n}(x_{i,j} \cdot x_{i,0})}{\left(\sum_{i=1}^{n}(x_{i,j}^2)^{1/2} \cdot \sum_{i=1}^{n}(x_{i,0}^2)^{1/2}\right)}\right\}$，$n = 2,3$。最后，定义服务业结构高级化 SW 的计算公式如下：$SW = \varphi_1 + \varphi_2$，$SW$ 越大，则服务业结构高级化水平越高。

从表 4.3 可知，2005 ~2020 年中国服务业结构高级化总体呈现上升趋势。需要指出的是，北京、天津、辽宁、黑龙江、上海、浙江、广东、重庆等地的服务业发展层级偏高，2005 年这些地区的服务业结构高级化指数就已经超过 2。从 2005 ~2020 年各地区服务业结构高级化水平的平均值来看，北京的服务业结构高级化水平已达 2.61，居于全国首位；天津、辽宁、黑龙江、上海、江苏、浙江、福建、广东、重庆等地的服务业结构高级化水平均超过 2；除此之外，中国其他地区的服务业结构高级化水平处于 1.8 ~2。整体来看，中国东部地区服务业转型升级水平远高于中西部地区，这进一步证实了服务结构高级化区域之间的不平衡，各地区应充分利用自身资源和比较优势推进服务业结构高级化。

表 4.3 2005～2020 年不同地区的服务业结构高级化

地区	2005 年	2006 年	2007 年	2008 年	2009 年	2010 年	2011 年	2012 年	2013 年	2014 年	2015 年	2016 年	2017 年	2018 年	2019 年	2020 年
北京	2.47	2.52	2.56	2.59	2.59	2.61	2.59	2.58	2.61	2.62	2.63	2.65	2.66	2.66	2.68	2.69
天津	2.11	2.10	2.11	2.13	2.14	2.14	2.06	2.09	2.17	2.20	2.26	2.32	2.42	2.40	2.42	2.41
河北	1.84	1.86	1.86	1.88	1.89	1.88	1.87	1.88	1.94	1.97	1.98	1.95	1.95	1.97	1.99	2.01
山西	1.90	1.93	1.95	1.94	1.93	1.91	1.92	1.91	1.93	1.95	1.98	1.97	1.97	1.98	2.04	2.04
内蒙古	1.94	1.93	1.95	1.95	1.96	1.95	1.95	1.96	2.04	2.02	2.02	2.03	2.02	2.01	2.05	2.04
辽宁	2.08	2.10	2.10	2.12	2.09	2.11	2.13	2.11	2.15	1.99	2.15	2.17	2.18	2.14	2.16	2.16
吉林	1.98	1.98	1.97	1.97	1.99	1.99	2.00	2.01	2.03	1.79	2.03	2.03	2.04	2.03	2.05	2.08
黑龙江	2.01	2.01	2.01	2.02	2.02	2.03	2.05	2.04	2.06	2.07	2.08	2.10	2.13	2.13	2.18	2.14
上海	2.39	2.43	2.46	2.47	2.49	2.51	2.39	2.29	2.51	2.44	2.52	2.53	2.53	2.52	2.51	2.52
江苏	1.96	1.96	1.96	1.96	1.96	1.97	1.97	1.97	2.17	2.17	2.17	2.18	2.19	2.20	2.19	2.19
浙江	2.02	2.05	2.05	2.09	2.11	2.13	2.14	2.17	2.16	2.17	2.17	2.21	2.23	2.19	2.20	2.21
安徽	1.85	1.86	1.86	1.87	1.88	1.89	1.92	1.91	1.97	1.97	1.98	2.01	2.03	2.06	2.06	2.09
福建	1.97	1.99	1.99	2.04	2.06	2.08	2.01	2.00	2.10	2.11	2.13	2.13	2.13	2.13	2.14	2.12
江西	1.89	1.89	1.89	1.90	1.89	1.88	1.87	1.84	1.96	1.94	1.92	1.92	1.93	1.93	1.95	1.94
山东	1.83	1.83	1.85	1.86	1.88	1.90	1.89	1.89	1.98	2.01	2.02	2.03	2.04	2.02	2.03	2.06

续表

地区	2005 年	2006 年	2007 年	2008 年	2009 年	2010 年	2011 年	2012 年	2013 年	2014 年	2015 年	2016 年	2017 年	2018 年	2019 年	2020 年
河南	1.81	1.81	1.82	1.82	1.82	1.82	1.83	1.84	1.89	1.91	1.92	1.95	1.97	1.94	2.00	1.99
湖北	1.91	1.92	1.95	1.95	1.96	1.92	1.91	1.90	1.97	1.90	1.99	2.01	2.03	2.04	2.07	2.07
湖南	1.87	1.88	1.89	1.89	1.89	1.90	1.92	1.92	1.93	1.95	1.96	1.96	1.98	1.96	2.00	1.97
广东	2.07	2.07	2.08	2.08	2.10	2.12	2.13	2.13	2.24	2.25	2.27	2.29	2.30	2.35	2.36	2.38
广西	1.89	1.89	1.91	1.91	1.92	1.92	1.93	1.94	1.96	1.96	1.96	1.95	1.94	1.94	1.94	1.95
海南	1.94	1.93	1.95	1.94	1.92	1.94	1.93	1.92	1.85	2.03	2.07	2.08	2.10	2.10	2.09	2.15
重庆	2.01	1.98	2.01	2.03	2.03	2.05	2.03	2.03	2.16	2.19	2.17	2.18	2.19	2.17	2.17	2.24
四川	1.89	1.89	1.89	1.89	1.91	1.90	1.90	1.89	2.03	2.04	2.05	2.07	2.07	2.07	2.04	2.07
贵州	1.80	1.79	1.82	1.82	1.84	1.83	1.83	1.82	1.86	1.87	1.87	1.87	1.88	1.86	1.90	1.88
云南	1.83	1.84	1.84	1.85	1.87	1.86	1.85	1.84	1.91	1.90	1.90	1.91	1.93	1.92	1.90	1.90
陕西	1.93	1.92	1.92	1.91	1.97	1.97	1.98	1.96	2.00	2.05	2.07	2.09	2.09	2.09	2.09	2.10
甘肃	1.90	1.90	1.87	1.86	1.87	1.86	1.86	1.85	1.91	1.64	1.89	1.91	1.93	1.91	1.91	1.95
青海	2.00	2.00	1.99	1.97	1.99	1.98	2.00	2.00	2.04	2.01	2.00	2.00	2.00	1.96	1.98	1.98
宁夏	1.95	1.95	1.96	1.96	1.98	1.97	1.99	1.98	2.02	2.01	2.02	2.01	2.00	2.00	2.00	1.97
新疆	1.91	1.90	1.91	1.90	1.90	1.89	1.90	1.90	1.95	1.95	1.95	1.93	1.91	1.88	1.87	1.91

4.4 服务业工资视角下服务业结构高级化面临的困境

4.4.1 服务业创新能力不足

作为经济稳定增长的重要基础，中国服务业规模日益壮大，但服务业创新能力不足。近年来，中国服务业劳动力工资不断攀升。尽管从理论上来说，这有助于推动服务业企业研发新产品、采用新技术、增加利润，但是从实际情况来看，面对新一轮科技革命引发的技术创新浪潮，劳动力工资上升对很多服务业企业造成了传统比较优势削弱而新的比较优势难以形成的窘境，导致整个服务业尚未形成数字化、网络化、智能化转型，服务业创新能力和水平有待提升。

需要指出的是，服务业中小企业是服务经济快速发展中最活跃的成分，所以提高其创新能力对服务业结构优化起着至关重要的作用。但是，服务业劳动力工资的上升直接推升了中小企业的经营工资，增加了中小企业的运营压力，导致中小企业创新效果不突出、创新升级困难大。这是因为对于大多数服务业中小企业而言，创新研发具有资金投入大、持续时间长、失败风险高等特点，是一项长期的发展性活动，而非短期的生存性活动。因此，劳动力工资攀升会进一步加剧中小企业的经营压力，造成中小企业放弃创新研发的概率较高，从长期来看不利于推动服务业结构优化。

4.4.2 服务业供给结构性失衡

服务业劳动力工资上升会带动服务业市场进入消费新时代，但服务业原有的供给体系并未适应市场的需求变化，从而出现了供给结构性失衡。突出表现为以下方面：一是服务业有效供给不足。当前，中国服务业呈现出结构性过剩与结构性不足并存的局面，低端化、同质化服务产品供给过剩，高品质、特色化服务产品供给相对短缺。在不同类型的服务业中，生产性服务业发展明显滞后、生活性服务业供给短缺、公共服务业发展相对迟延，整个服务业还未进入满足不同消费需求的柔性化生产阶段，影响了消费者的消费体验。二是体制机制束缚了供给结构调整。受传统体制机制的约束，服务业供给侧结构性调整表现出明显的滞后性，各类生产要素难以及时地从低端领域向中高端领域转变，高端供给潜力无法得到释放，从而阻碍服务业转型升级的步伐。三是服务供给缺乏国际竞争力。中国服务贸易逆差明显，尤其是一些高品质产品和服务严重依赖进口，国内服务业企业参与全球价值链的程度不高。这不但无法达到消费升级的要求，而且影响服务业向价值链高端跃进。

4.4.3　人力资本水平与服务业需求不匹配

服务业劳动力工资的不断上升迫使服务业企业对人才提出更高的要求。与此同时，服务经济理论强调，劳动者作为重要的生产要素，其质量会对服务业结构优化产生重要影响，换言之，服务业结构优化离不开高端人才的支撑。然而，从中国目前劳动力市场的情况来看，人才储备难以满足服务业结构优化的需要，人才制约矛盾突出。现代服务业尤其是知识密集型服务业的快速发展导致高层次专业人才缺口较大，人才结构性短缺问题严重，这极大地影响了服务业结构优化和服务业高质量发展。另外，长期以来中国对服务业人才培养的重视度不够，对高端专业人才培养的力度欠缺，未形成高素质的现代服务业人才队伍。

需要指出的是，随着服务业对外经济技术交流与合作的迅速扩大，中国逐渐加大了对服务业国际人才的引进力度。但是，由于一些引进单位存在管理理念落后、引才模式僵化、激励机制不健全等问题，导致高层次人才引进效果不佳。

4.4.4　高劳动力工资与低生产率矛盾突出

当前，中国正在步入“服务经济”时代，服务业为经济高速增长提供了重要支撑。但受限于服务产品的特殊性，中国服务业生产率并未随着劳动力工资的上升而相应提高，这既会引发“鲍莫尔成本病”，也会抑制经济发展。

服务产品的特殊性主要体现在以下方面：一是无形性或不可感知性。这一特性决定了只有消费者购买产品后，才能判断服务产品的好坏。二是生产和消费存在同步性。在服务过程中，生产者与消费者必须直接发生联系，因此外部经济的变动极易影响服务业的发展。三是传统服务业以劳动密集型为主，对高技术和高知识的涉及有限，难以和制造业一样利用新技术来提高生产率，因此传统服务业的生产率低于制造业的生产率。

随着服务业劳动力工资的上升，中国劳动密集型服务业优势逐步减弱。但从中国服务业的实际情况来看，传统服务业不但吸纳就业能力依然较强，而且产出规模所占比重较大，这极易造成整体经济发展中出现“低产出、高工资”的矛盾。因为理论研究表明，低效传统服务业在经济结构中占比的持续扩大会导致服务业劳动力工资增速大于服务业劳动生产率增速，从而出现服务业的“成本病”。

4.5 服务业外商直接投资视角下服务业结构高级化面临的困境

4.5.1 资金投向区域不平衡

中国幅员辽阔，地区经济发展不平衡，各地服务业政策、对外开放程度、自然资源禀赋等均不同，因此服务业外商直接投资在不同区域的资金投向存在显著差异。根据数据的可获得性，本书选取24个省级行政单位的服务业外商直接投资进行比较分析。数据统计表明，2020年中国服务业实际利用外资主要分布上海、广东等东部地区，中西部地区吸引外商直接投资金额有限。

中国的对外开放政策是由沿海向内陆梯级推进、由东部向西部渐进开放，因此服务业在东部地区发展较好。与此同时，东部地区服务业发展带来的产业集聚正向外部性有助于范围经济积极效应的发挥，提高对服务业外商直接投资的吸引度。但是，服务业外商直接投资地区分布不平衡性可能会引发地区经济发展不均衡，加大服务业产业结构偏差，从而不利于中国服务业长期良性循环发展和服务业结构高级化的有效调节。换言之，服务业外商直接投资偏好中国的东部地区，对中西部地区的投入较少，这不利于服务业地区均衡发展，导致地区间服务业结构高级化进程受阻。

4.5.2　技术溢出存在障碍

尽管从理论来看，服务业外商直接投资技术溢出效应有助于促进中国服务业结构高级化水平。但是在实践过程中，服务业外商直接投资的技术溢出存在障碍。

一是技术溢出源头封锁。服务业跨国公司在技术、知识等高端要素的转移方面，采取了严格的限制措施。事实上，服务业跨国公司为了在中国市场保持核心竞争力，往往通过公司内部将其技术转移给子公司，同时积极主动地申请专利保护，从源头上进行技术封锁。

二是技术溢出渠道不顺畅。目前，服务业跨国公司在中国的投资方式以独资为主，与中国企业的国际合作有限。由于服务业提供的服务可能涉及技术、知识等核心要素，为占据先进技术的战略制高点，服务业跨国公司在中国的投资主要采取独资的形式。这在一定程度上会减弱服务业跨国公司与本土企业的联系，导致技术溢出渠道不畅，阻碍服务业外商直接投资技术溢出效应的及时传递。

三是技术吸收能力不显著。技术吸收能力是指中国服务业企业获取国外服务业先进的技术，并运用这些技术改进现有技术或进行技术创新。这说明，一方面，中国服务业所选择的引进技术应匹配当前服务业的技术吸收能力，注重技术的可行性与适用性，推动本土服务业企业有效地利用外部资源；另一方面，吸收能力是创新能力的基础，当本土服务业企业对引进技术的吸收能力增强到一定程度时，会提升自主创新能力，进而提升服务业高级化水平。但是，中国服务业引资过程中，受限于研发投入、人力资本、技术等方面的不足，中国服务业企业对国外服务业技术吸收能力有限。

4.5.3　就业挤出效应明显

从外资流入服务业各行业的情况来看，技术密集型和知识密集型行业是外资企业在华投资的主要领域。图 4.2 显示了 2020 年中国服务业实际利用外资情况。从该图可知，服务业外商投资主要集中在租赁和商务服务业，房地产业，科学研究和技术服务业，信息传输、软件和信息技术服务业，批发和零售业。这五个行业实际使用外资金额为 931.08 亿美元，占服务业实际使用外资金额的比重为86.85%。当服务业外商直接投资流入倾向技术密集型和知识密集型行业时，低技能劳动力需求会减少，从而造成服务业就业量减少。此外，服务业外资企业在技术、管理、销售网络等方面的优势明显，不平等的竞争会对中国服务业企业造成冲击，甚至产生“挤出效应”，使得国内服务业企业市场份额减少，进而导致服务业就业数量下降。

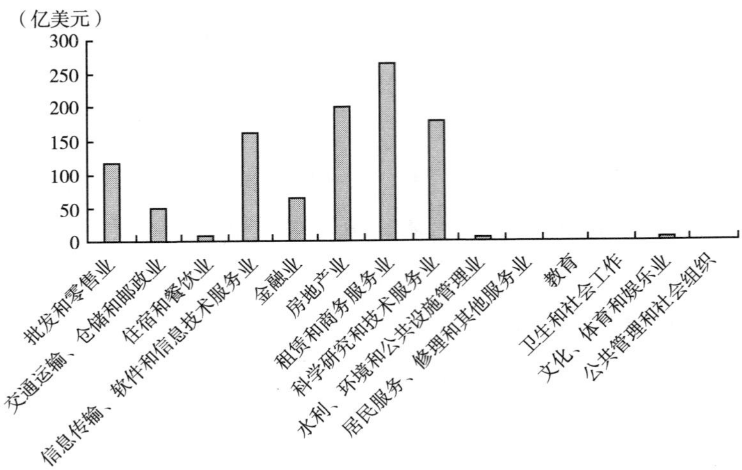

图4.2　2020年中国服务业各行业实际利用外资金额

资料来源：《中国统计年鉴—2021》。

4.6　小结

本章主要从中国服务业发展历程、中国服务业结构高级化取得的成绩、中国服务业结构高级化存在的不足、服务业工资视角和服务业外商直接投资视角下服务业结构高级化面临的困境等方面进行了分析。

第一，通过分析中国服务业发展历程可知，中国服务业发展经历了初步探索阶段（1949～1977年）、探索恢复阶段（1978～1983年）、启动发展阶段（1984～1991年）、快速发展阶段（1992～2000年）、赶超发展阶段（2001～2012年）和超越发展阶段（2013年至今）。

第二，通过分析中国服务业结构高级化取得的成绩可知，中国服务业转型升级取得了一些成就，包括高端服务业能级提升、数字经济引领服务业新发展、绿色服务业全产业链持续扩大、公共服务供给日益完善。

第三，中国服务业结构高级化也存在不足，包括传统服务业优势依然突出、生产性服务业发展不成熟、服务业高级化地区差异明显。

第四，从服务业工资视角来看，服务业结构高级化面临的困境主要有：服务业创新能力不足、服务业供给结构性失衡、人力资本水平与服务业需求不匹配、高劳动力工资与低生产率矛盾突出。

第五，从服务业外商直接投资视角来看，服务业结构高级化面临的困境主要包括资金投向区域不平衡、技术溢出存在障碍、就业挤出效应明显等。

第5章　服务业地区工资差异对服务业结构高级化影响的实证检验

改革开放40多年来，中国服务业规模不断扩大、经济比重持续增加、就业人数日益增长，实现了跨越式发展。从历史方位转变来看，中国已进入服务业主导的经济发展阶段（胡鞍钢等，2020）。但是，长期以来中国服务业以劳动密集型行业为主，知识密集型行业规模比重偏低，内部结构有待优化。随着中国经济由高速增长阶段转向高质量发展阶段，优化服务业结构既是建设现代化经济体系的重大任务，也是深化供给侧结构性改革的关键所在。此外，中国“刘易斯拐点”已出现，人口红利正在逐渐消失，服务业劳动力工资进入上升期，地区之间的服务业工资水平差距明显。相关数据统计表明，北京、上海、杭州、深圳等大城市的服务业工资仍然继续攀升。总体来看，中国东部地区的服务业人均工资远高于中西部地区。那么，服务业地区工资差异是否对内部结构高级化产生影响？具体影响效果是表现为某种单一形式，还是多种形式？

5.1　理论分析与研究假设

服务业工资水平的上涨可通过工资推动、消费积累、人力资本等机制促进服务业结构高级化。具体来说，服务业工资提高使得服务业企业的生产工资攀升，驱使服务业企业加强产品研发和科技创新，促进服务业企业向高附加值的现代服务业转型，加快服务业结构高级化。此外，根据经济学原理，服务业工资的提高表明服务业劳动者能追求更高层级的消费，由此会带动消费结构向高层次转化，形成“收入—消费结构—产业结构”的优化路径。与此同时，服务业工资的提高会倒逼服务业企业提升人力资本，刺激企业加大对员工的培训力度，通过储备高质量服务业人才应对工资上涨的负面冲击。毫无疑问，人力资本的提升势必将成为服务业结构高级化的重要推动力。

但需要指出的是，服务业工资水平的上涨会对服务业不同行业的劳动生产率带来非对称效应，从而改变服务业内部结构。这意味着，服务业结构优化会同时受到工资变化和劳动生产率变动的影响。理论研究表明，当服务业工资上涨过快，无法被劳动生产率的提高所抵消时，就会出现“鲍莫尔成本病”，从而制约服务业结构高级化调整。

假设5-1：服务业工资水平的提升有助于促进服务业结构高级化，但“鲍莫尔成本病”会起到抑制作用。

一般来说，服务业在地区间的工资差异决定着服务业劳动力供给的流向。一方面，服务业工资水平较低的地区对劳动者的技能要求不高，有助于解决低端劳动力就业；另一方面，服务业工资水平较高的地区的人才虹吸效应明显，高工资与高层次劳动力匹配的有效性既能促进服务业创新发展，也能提升服务业生产效率。因此，合理的服务业地区工资差异不仅能增进低端服务业和高端服务业的协调发展，还可以加快服务业向高端化升级，从而实现服务业高质量发展。然而，服务业地区工资差异的持续扩大会抑制居民的消费能力，影响服务业的需求规模。换言之，服务业地区工资差距过大会收敛居民的整体消费能力，导致服务业新的消费热点难以形成。遵循这一逻辑，若服务业缺少某一收入层次的消费者，则服务业新产品的市场空间必然会减少，最终制约服务业结构高级化的转化和调整能力。

假设5-2：服务业地区工资差异对服务业结构高级化的影响存在非线性特征，过大的工资差异会使得“结构红利”效应受阻。

服务业结构高级化既是一个动态经济系统，又是一个分阶段、循序渐进的过程。目前中国地区间服务业发展水平差异依然较大，区域不平衡在一定程度上会影响服务业地区工资差异。不仅如此，由于服务业内部行业的演变规律、存在形态、价值等存在差别，所以不同类型服务业工资对服务业结构的影响也不一致。例如，生活性服务业自身的劳动生产率提升有限，故生活性服务业的高工资可能导致低效服务业（张建华、程文，2019）。公共服务业工资水平的上涨在一定程度上有助于实现服务规范和公平，但在要素不能完全自由流动或存在要素价格扭曲的情况下，可能出现服务业结构偏差的状况。生产性服务业的发展严重依赖高层次人力资本的积累，若缺乏高层次劳动力，生产性服务业工资水平的上涨将导致服务业难以向高端转型。

假设 5 - 3：服务业地区工资差异对服务业结构升级的影响具有区域异质性和行业异质性。

5.2 计量模型和变量说明

5.2.1 计量模型的构建

假设地区 i 服务业 s 的产出函数服从 C - D 生产函数，则：

$$Y_{is} = A_{is}L_{is}^{\alpha_{is}}K_{is}^{\beta_{is}} \tag{5.1}$$

其中，Y_{is}为地区 i 服务业 s 的产出，L_{is}和 K_{is}分别表示地区 i 服务业 s 的劳动力投入和资本投入，α_{is}和 β_{is}分别表示劳动力产出的弹性系数和资本产出的弹性系数，A_{is}为综合技术水平。

由式（5.1）可得劳动力边际产出为：

$$MP_{L,is} = A_{is}\alpha_{is}L_{is}^{\alpha_{is}-1}K_{is}^{\beta_{is}} = \alpha_{is}(Y_{is}/L_{is}) \tag{5.2}$$

在完全竞争市场上，地区 i 服务业 s 的劳动者均衡工资为：

$$w_{is} = P_{is} \times MP_{L,is} = \alpha_{is}(P_{is}Y_{is}/L_{is}) \tag{5.3}$$

其中，P_{is}为地区 i 服务业 s 劳动者生产产品的价格。

将地区 i 服务业 s 的劳动力工资与其他地区服务业 s 的劳动力工资相比，可得：

$$\frac{w_{is}}{w'_s} = \frac{\alpha(P_{is}Y_{is}/L_{is})}{w'_s} \tag{5.4}$$

由此可知，当 $w_{is}/w'_s > 1$ 时，地区 i 服务业 s 的劳动力工资相对更高，劳动力有向高收入地区流动的意愿，从而导致就业份额偏离以及服务业结构高级化。因为在理想状态下，如果地区间服务业劳动力是同质的，则服务业劳动力会存在地区间的流动，直到服务业劳动力工资在各地区相等。反之亦然。

因此，可得服务业劳动力工资地区差距与服务业结构高级化的关系为：

$$SW = f\left(\frac{w_{is}}{w'_s}\right) \tag{5.5}$$

其中，SW 表示服务业结构高级化，令服务业劳动力工资地区差距 $RWA = w_{is}/w'_s$，故：

$$SW = f(RWA) \tag{5.6}$$

另外，为了分析服务业劳动力工资地区差距对服务业结构高级化的非线性影响，本章在模型中还加入了服务业劳动力工资地区差距的平方项。

$$SW = f(RWA, RWA^2) \tag{5.7}$$

考虑到影响服务业结构高级化的其他变量 X，式（5.7）可变为：

$$SW = f(RWA, RWA^2, X) \tag{5.8}$$

根据式（5.8），可构建如下基准计量模型：

$$SW_{it} = \lambda_0 + \lambda_1 RWA_{it} + \lambda_2 RWA_{it}^2 + \sum \lambda_j X_{it} + \varepsilon_{it} \tag{5.9}$$

其中，i 和 t 分别表示地区和时间，SW_{it}为被解释变量，RWA_{it}和 RWA_{it}^2分别表示核心解释变量服务业劳动力工资地区差距的一次项和二次项，$\sum \lambda_j X_{it}$ 为模型中的控制变量，ε_{it}为随机误差项。

5.2.2　变量与数据说明

（1）被解释变量

服务业结构高级化（SW）：服务业结构高级化是指服务业内部结构从低级形式向高级形式转变的过程。随着服务业的发展，消费性服务业的产出和就业所占比重不断下降；生产性服务业的产出和就业相对比重不断上升；医疗、卫生等社会公共服务业的产出和就业所占比重一般呈上升趋势，但行政管理等政府公共服务业所占比重则呈下降趋势，即公共服务业的产出和就业相对比重略有上升或大体不变。具体测算方法见第 3 章。

（2）核心解释变量

服务业地区工资差异（*RWA*）：中国各地区服务业的工资存在着明显的差异性，这反映了不同地区之间的经济发展水平和劳动力市场需求的差异性。具体测算方法见第3章。

（3）控制变量

①城镇化（*URB*）：城镇化水平是城市健康发展的基础。在服务业层面上，城镇化水平的提高不但能提升服务业发展质量，而且会推动服务业结构向高层次调整。研究表明，加快城镇化进程有助于资源的合理配置和生产要素的自由流动，从而促进服务业规模效益的形成和服务业结构的升级。本章借鉴已有的研究成果，采用人口城镇化率作为城镇化的衡量指标。

②财政分权（*FIN*）：中央与地方之间财政权力结构的核心是财政分权，财政分权下的地方政府制定的相关政策会影响服务业发展，包括影响服务业内部结构高级化水平。本章采用财政收入分权进行衡量，即地区人均收入占地区人均收入与中央人均收入之和的比例。

③对外开放程度（*TRADE*）：在开放经济条件下，对外开放是服务业结构优化的重要途径。从一定程度上来说，资本技术转移效应、外向配套效应和贸易效应会影响一国服务业的发展水平和内部结构，本章采用进出口总额的对数值来衡量其对外开放度。

④技术创新（*TECH*）：技术创新是影响服务业结构高级化的重要因素，根本性技术创新的推动效应、溢出性技术创新的乘数效应和竞争性技术创新的选择效应均推动着服务业结构在迂回分工中向高级化方向演进。此外，技术创新可以增强服务业企业的技术创新能力，替代或完全替代传统资源，通过建立新优势推动服务业内部结构高级化。目前，文献中常用的度量技术创新的方法主要为产出法、投入法、投入—产出法等。本章依据数据的可获得性，采用产出法，并借鉴普加奇（Pugatch，2004）等的研究成果，用专利申请授权数对数值来衡量。

⑤教育水平（*EDU*）：教育是人类可持续发展的主要力量。良好的教育环境不仅能使劳动者掌握必要的生产技能，还能提供社会进步的动力。一般来说，服务业的人力资本水平越高，劳动力在服务业内部行业的流动性越强，资源的配置效率越高。这说明人力资本是服务业结构优化的重要途径，尤其是高

等教育提供了服务业发展所要求的专业化人才，极大地推动了服务业结构高级化。基于此，本章采用每十万人中高校在校人数来衡量教育水平，并对其进行对数处理。

⑥市场化（*MAR*）：深化市场化改革将拓展服务业发展广度和深度。事实上，加快服务业的供给侧结构性改革步伐有助于营造和改善市场环境，激发服务业发展的内在活力，并推动服务业内部结构向高层次演化。本章采用财政支出占地区 GDP 总额的比重进行衡量。

本章选用 2011～2020 年 31 个省（区、市）的面板数据作为研究样本。

相关变量的统计性描述如表 5.1 所示。

表 5.1　变量的统计性描述

变量	样本量	均值	标准差	最小值	最大值
SW	310	2.0506	0.1865	1.6400	2.6928
RWA	310	1.0024	0.2880	0.6800	2.0300
URB	310	0.5805	0.1314	0.2281	0.8960
FIN	310	0.5130	0.1188	0.3168	0.8332
TRADE	310	6.0487	1.6829	1.1314	9.2980
TECH	310	10.0290	1.6134	4.8903	13.4726
EDU	310	7.8230	0.2918	6.9866	8.6328
MAR	310	0.2841	0.2102	0.1103	1.3792

5.3　初步回归结果及稳健性检验

5.3.1　估计方法与初步回归结果

本小节初步检验了服务业地区工资差异对服务业结构高级化的影响，见表 5.2 的第（1）列和第（2）列。回归结果表明，对于未加入控制变量和加入控制变量，服务业地区工资差异的一次项回归系数不显著，这说明服务业地区工资差异对服务业结构高级化的影响并非简单线性关系。

表 5.2　　基准回归结果

变量	不加入二次项解释变量		加入二次项解释变量	
	(1)	(2)	(3)	(4)
RWA	-0.076 (0.070)	-0.071 (0.064)	0.791*** (0.268)	0.443* (0.241)
RWA^2			-0.346*** (0.104)	-0.201** (0.091)
URB		0.703*** (0.167)		0.725*** (0.166)
FIN		0.121 (0.137)		0.064 (0.138)
TRADE		0.023* (0.012)		0.024** (0.012)
TECH		0.040*** (0.011)		0.037*** (0.011)
EDU		-0.208*** (0.058)		-0.218*** (0.058)
MAR		0.183 (0.131)		0.201 (0.130)
cons	2.127*** (0.070)	2.688*** (0.363)	1.634*** (0.163)	2.496*** (0.370)
R^2	0.0042	0.3383	0.0429	0.3501
Husman 检验	32.01***	190.18***	49.79***	37.06***
估计方法	固定效应	固定效应	固定效应	固定效应

注：括号中的数值为相应变量的标准误，*、** 和 *** 分别表示在 10%、5% 和 1% 的显著性水平上拒绝原假设。

从表 5.2 的第（3）列和第（4）列可知，服务业地区工资差异的一次项系数显著为正，服务业地区工资差异的平方项系数显著为负。该结果与理论预期一致，即服务业地区工资差异对服务业结构高级化的影响呈现出先扬后抑的倒“U”形特征。这意味着合理的服务业地区工资差异会通过激励效应促进劳动力向高效率行业和地区流动，推动服务业向价值链高端跃升，从而促进服务业结构高级化。换言之，合理的服务业地区工资差异会改变各生产要素在行业间和地区间的相对价格，促使服务业向资本密集型行业和技术密集型行业转型，实现地区工资差异对服务业结构调整的积极功能。但是，服务业地区工资差异并非越大越好。在劳动力工资攀升的压力下，若一个地区服务业工资的上涨不能被劳动生产率的提高所抵消，则低效服务业的蔓延易导致“鲍莫尔成本病”，从而对服务业结构高级化造成负面影响，该结论证实了假设5－1和假设5－2。已有研究表明，中国除了经济相对落后的西部地区外，在经济较为发达的东部地区和中部地区都不同程度地出现了“鲍莫尔成本病”。实际上，服务业结构高级化的一个重要条件就是大力发展生产率较高的生产性服务业，进而更好地带动服务业结构转型升级，实现服务业迈向高质量发展。

在控制变量中，城镇化对服务业结构高级化的促进作用在一定程度上得到了验证，城镇化水平稳步提高，城市产业布局不断完善，服务有效供给持续扩大，服务业内部结构层次逐步提高。对外开放程度的回归系数显著为正，这证实了对外开放对服务业结构高级化的积极作用。科技创新对服务业结构高级化的影响显著为正，科技创新能较好地解决服务业内部结构转型升级中技术“瓶颈”的困难，从而为服务业结构高级化提供技术支撑。教育水平的估计系数显著为负，这说明高校人才培养与服务业市场需求不完全匹配，因此高校人才培养应加强与市场需求的对接。财政分权与市场化的影响系数不显著，这可能与经济政策在实施过程中的滞后性有关。

5.3.2 稳健性检验和内生性检验

（1）替换被解释变量

高端服务业以高新技术、高端人才、先进理念为核心，其发展程度是衡量地区综合竞争力和现代化水平的重要标志。为此，本章参考余泳泽和潘妍（2019）的研究方法，以高端服务业从业人员占服务业从业人员的比重作为服务业结构高级化的替换指标来进行稳健性检验。其中，高端服务业包括：信息传输、计算机服务和软件业，金融业，租赁和商务服务业，科研、技术服务和地质勘查业。回归结果显示，被解释变量的指标替换后，核心解释变量回归系数的方向和显著性与基本模型的回归结果相似，研究结论依旧稳健。

（2）更改估计方法

为了排除估计方法对回归结果的影响，本章采用差分 GMM 模型进行回归。从表 5.3 的回归结果来看，更改估计方法后，服务业地区工资差异对服务业结构高级化的一次项估计系数显著为正，二次项估计系数显著为负。因此，估计方法的选择并未改变服务业地区工资差异估计系数的符号方向和显著性，研究结论具有较强的稳健性。

（3）工具变量法

本章选择互联网宽带接入用户数对数值作为工具变量，并采用两阶段最小二乘法（2SLS）重新进行估计。从表 5.3 可以看出，服务业地区工资差异的服务业结构高级化影响依然表现为显著的倒"U"形，研究结论稳健。

表 5.3　稳健性检验和内生性检验

变量	替换被解释变量		更改估计方法		工具变量法	
	估计值	标准误	估计值	标准误	估计值	标准误
L. SW			0.041***	0.007		
RWA	0.204***	0.077	0.273**	0.108	1.789**	0.715
RWA^2	−0.108***	0.029	−0.082**	0.039	−0.541**	0.246
URB	0.250***	0.053	0.710***	0.040	1.047***	0.113
FIN	−0.052	0.044	0.030	0.047	−0.690**	0.287
TRADE	0.009**	0.004	0.011**	0.004	−0.002	0.009
TECH	0.009***	0.003	0.039***	0.003	−0.024*	0.014
EDU	−0.045**	0.018	−0.209***	0.026	0.115**	0.051
MAR	0.119***	0.042	0.353***	0.038	−0.273**	0.114
cons	0.153	0.118	2.439***	0.219	0.023	0.553
R^2	0.4355				0.7547	
Husman 检验	77.63***					
Sargan 检验			0.1536			
AR（2）检验			0.1253			

注：*、** 和 *** 分别表示在 10%、5% 和 1% 的显著性水平上拒绝原假设。

5.4 进一步分析

5.4.1 不同地区的检验

当前，中国服务业区域发展不平衡，东部地区与中西部地区的服务业发展差异较明显。因此，为验证不同地区服务业地区工资差异影响服务业结构优化的区别，本章分别探究东部和中西部地区服务业地区工资差异对服务业结构高级化的影响。从回归结果（见表5.4）可知，东部地区服务业地区工资差异对服务业结构高级化的影响不显著，这说明服务业地区工资的差异并未有效地引导东部地区服务业内部结构向高层次转型。但是，中西部地区服务业地区工资差异与服务业结构高级化表现为显著的非线性倒“U”形关系。由此可知，中西部地区合理的服务业地区工资差异有助于服务业市场的劳动力流动和劳动激励，加快服务业向各种要素密集度依次转移，促进服务业向高层次和高水平方向发展。然而，中西部地区服务业地区工资差异的进一步扩大不仅会阻碍生产要素在地区间和内部行业间的调整、抑制服务业各部门的协调发展、导致服务业转换升级不顺畅，还会约束动力激励效应的发挥、影响劳动生产率的提高、制约服务业整体向高级化发展。

表5.4 分地区服务业劳动力工资地区差异对服务业结构高级化的影响

变量	东部地区		中西部地区	
	估计值	标准误	估计值	标准误
RWA	-0.038	0.526	0.585*	0.314
RWA^2	-0.088	0.168	-0.212*	0.133
URB	1.158***	0.313	0.738***	0.185
FIN	0.036	0.257	0.145	0.161
TRADE	-0.132**	0.060	0.033***	0.012
TECH	0.067***	0.018	0.022*	0.012
EDU	-0.128	0.122	-0.245***	0.061

续表

变量	东部地区		中西部地区	
	估计值	标准误	估计值	标准误
MAR	-0.218	0.381	0.106	0.136
cons	2.873***	0.831	2.651***	0.414
R^2	0.5531		0.3252	
Husman 检验	43.76***		28.76***	
估计方法	固定效应		固定效应	

注：*、** 和 *** 分别表示在 10%、5% 和 1% 的显著性水平上拒绝原假设。

5.4.2　不同行业的检验

考虑到不同类型服务业的差别，本章借鉴梁学成（2016）的分类标准，将服务业划分为生产性服务业（SC）、生活性服务业（SH）和公共服务业（GG），检验服务业地区工资差异影响服务业结构高级化的行业异质性。

回归结果（见表 5.5）显示，生产性服务业地区工资差异对服务业结构高级化影响的一次项系数估计值为 0.493，且通过了变量的显著性检验；二次项系数估计值为 -0.071，也通过了变量的显著性检验。生活性服务业地区工资差异对服务业结构高级化影响的一次项系数估计值为 0.091，且通过了变量的显著性检验；二次项系数估计值为 -0.017，也通过了变量的显著性检验。公共服务业地区工资差异对服务业结构高级化影响的一次项系数估计值为 -0.519，且通过了变量的显著性检验；二次项系数估计值为 0.114，也通过变量的显著性检验。这说明，无论是何种类型的服务业，地区工资差异对服务业结构高级化的影响均显著。不同之处在于，公共服务业地区工资差异的影响效应呈"U"形，而生活性服务业和生产性服务业地区工资差异的影响效应均呈倒"U"形。这证实了合理的生活性服务业和生产性服务业地区工资差异对服务业提质增效升级的促进作用，但其差异的扩大会抑制服务业向价值链高端的发展。公共服务业主要是由国家介入的服务活动，考虑到可能受人员流动壁垒的限制，公共服务业劳动力工资地区差距的扩大会使得劳动力在地区间的流动阻力变大，从而导致服务业难以向知识密集型和技术密集型行业发展。

表 5.5 分行业服务业劳动力工资地区差距对服务业结构高级化的影响

变量	生产性服务业		生活性服务业		公共服务业	
	估计值	标准误	估计值	标准误	估计值	标准误
RWASC	0.493***	0.057				
RWASC^2	-0.071***	0.013				
RWASH			0.091*	0.049		
RWASH^2			-0.017*	0.009		
RWAGG					-0.519***	0.085
RWAGG^2					0.114***	0.025
URB	0.558***	0.091	0.648***	0.168	0.626***	0.155
FIN	-0.329***	0.093	0.037	0.134	0.143	0.124
TRADE	-0.012*	0.007	0.029**	0.012	0.012	0.011
TECH	0.023***	0.006	0.043***	0.010	0.039***	0.010
EDU	-0.016	0.031	-0.210***	0.056	-0.120**	0.055
MAR	0.054	0.041	0.232*	0.132	0.028	0.128
cons	1.455***	0.214	2.558***	0.372	2.482***	0.348
R^2	0.9548		0.3438		0.4333	
Husman 检验	-195.04		29.57***		23.61***	
估计方法	随机效应		固定效应		固定效应	

注：*、** 和 *** 分别表示在 10%、5% 和 1% 的显著性水平上拒绝原假设。

不同地区的检验结果和不同行业的检验结果证实了假设 5-3，即服务业地区工资差异对服务业结构升级的影响具有区域异质性和行业异质性。

5.5 小结

本章在理论分析的基础上，依据 2011～2020 年中国省级面板数据，多层次检验了服务业地区工资差异对服务业结构高级化的影响。

第一，全国的回归结果表明，服务业地区工资差异的一次项系数显著为正，且平方项系数显著为负，即服务业地区工资差异与服务业结构高级化存在显著的倒“U”形关系，这一结论与理论预期相一致。稳健性检验和内生性检验发现，替换被解释变量指标和研究方法后，核心解释变量服务业地区工资差异一次项和二次项的估计方向和显著性均未发生变化，表明本章有效地控制了服务业地区工资差异以外的其他影响因素，研究结论具有良好的稳健性。

第二，分地区的实证研究表明，东部地区服务业地区工资差异对服务业结构高级化的影响不显著，但中西部地区服务业地区工资差异与服务业结构高级化表现为显著的非线性倒“U”形关系。

第三，从分行业服务业地区工资差异的影响效应可知，无论是何种类型的服务业，劳动力工资地区差异对服务业结构高级化的影响均显著。不同之处在于，公共服务业地区工资差异的影响效应呈现为“U”形，而生活性服务业和生产性服务业地区工资差异的影响效应均呈现为倒‘U”形。

第6章　服务业外商直接投资对服务业结构高级化影响的实证检验

6.1　理论分析

服务业外资在东道国建立企业后，为不同要素密集度服务行业的发展尤其是智力要素密集型服务行业提供大量的资金支持，推动服务业向价值链高端提升，逐渐改善整个服务业资源配置的格局和效率。另外，服务业外商直接投资可通过模仿效应、竞争效应等间接途径对内资服务企业形成技术溢出，这不仅能提升专业化服务水平，而且有助于优化服务业内部行业间的关联性，提升传统产业、培育新兴产业、壮大主导产业，推动服务业向知识密集型行业转移，促使服务业内部结构达到一个更高的水平。因此，本章提出以下假设：

假设6－1：服务业外商直接投资可以通过直接渠道和间接渠道提升服务业的要素密集度层次，提升服务业内部结构。

根据第4章的测度可知，2005～2020年中国服务业高级化水平呈上升趋势。与此同时，商务部统计数据表明，“十三五”时期，中国服务业吸收外资年均增长4.4%，2020年占中国吸收外资总额的78.5%。从理论上来说，在中国服务业结构高级化水平较低时，外商直接投资不但为中国服务业提供更多资本，而且可以改善服务业生产技术，进而推动服务业从低层次向高层次转移。随着中国服务业结构高级化水平的不断提升和服务业外商直接投资规模的日益扩张，服务业外商直接投资对其内部结构带来积极效应的同时，“挤出”内资企业、环境污染等消极效应也较明显。因此，根据边际收益递减规律，中国服务业结构高级化水平越高，服务业外商直接投资对服务业结构高级化的积极效应可能呈现递减趋势。因此，本章提出以下假设：

假设 6－2：服务业外商直接投资影响服务业结构高级化的边际效用递减。

当前，中国服务业结构高级化水平地区差异明显。东部地区因在地理位置、产业规模、营商环境等方面的优势，使其服务业结构高级化水平较高。具体来说，在地理位置上，东部地区拥有丰富的海岸线和港口资源，便于开展服务经济。在产业规模上，2022 年中国服务业大企业集中分布于东部地区，排在前五的分别是广东（75 家）、江苏（53 家）、北京（50 家）、浙江（49 家）和福建（40 家）。在营商环境上，东部地区市场化程度高，有助于推动服务业市场化进程。另外，中国服务业外商直接投资地区分布差异较大。根据第 3 章的统计数据表明，改革开放以来，中国吸引服务业外商直接投资的地区集中在广东、上海、江苏等开放程度较高、经济水平较发达、劳动者素质较高、产业结构较合理的地区。

假设 6－3：服务业外商直接投资对服务业结构高级化的影响具有地区差异性。

6.2　计量模型和变量说明

6.2.1　计量模型的构建

根据上述理论分析，本章构建如下计量模型：

$$SW_{it} = \alpha_0 + \alpha_1 SFDI_{it} + \sum \alpha_j Z_{it} + \varepsilon_{it} \tag{6.1}$$

其中，i 和 t 分别表示地区和时间，SW_{it}为被解释变量，$SFDI_{it}$为服务业外商直接投资，$\sum \alpha_j Z_{it}$ 表示模型中的控制变量，ε_{it}为随机误差项。

此外，传统的线性回归模型分析了因变量的条件均值分布受自变量的影响过程，其中，OLS 估计是最基本的方法，但当数据存在严重的异方差，或后尾、尖峰情况时，OLS 估计无法提供条件分布 $y \mid x$ 的全面信息。为了弥补 OLS 在回归分析中的缺陷，肯克和巴塞特（Koenker and Bassett，1978）把中位数回归推广到了一般的分位数回归上。分位数回归不仅比均值回归更不容易受到极端值的影响，而且回归结果更加稳健。

为考察服务业外商直接投资对服务业结构高级化的影响，在式（6.1）的基础上，进一步采用面板分位数模型进行分析。

$$Q_{SW_{it}}(\tau \mid X) = \sigma + \varphi(\tau)X \tag{6.2}$$

其中，$Q_{SW_{it}}(\tau \mid X)$ 为在 X 给定条件下 SW_{it} 的 τ 条件分位数，X 表示所有解释变量，$\varphi(\tau)$ 为分位数回归系数。

利用求解可以获得目标函数：

$$\min_{(\sigma,\varphi)} \sum_{k=1}^{q} \sum_{t=1}^{n} \sum_{i=1}^{m_i} \omega_k \rho_{\tau k}(SW_{it} - \sigma - \varphi(\tau)X) \tag{6.3}$$

6.2.2　变量与数据说明

（1）被解释变量

服务业结构高级化（*SW*）：服务业结构高级化是指服务业内部结构从低级形式向高级形式转变的过程。随着服务业的发展，消费性服务业的产出和就业所占比重不断下降；生产性服务业的产出和就业相对比重不断上升；医疗、卫生等社会公共服务业的产出和就业所占比重一般呈上升趋势，但行政管理等政府公共服务业所占比重则呈下降趋势，即公共服务业的产出和就业相对比重略有上升或大体不变。具体测算方法见第 4 章。

（2）核心解释变量

服务业外商直接投资（*SFDI*）：关于服务业外商直接投资衡量指标的选择，主要有实际额和合同额两种，虽然有文献采用合同额，但数据统计显示，各省（区、市）服务业外商直接投资的实际额与合同额相差较大，因此，本章认为实际额比较准确。但是，服务业外商直接投资实际额的数据获取是难点之一，因为目前还未有服务业外商直接投资分地区的数据。基于此，本章根据数据的可获得性，选取北京、天津、河北、内蒙古、辽宁、黑龙江、上海、江苏、浙江、安徽、福建、江西、山东、河南、湖北、湖南、广东、广西、重庆、贵州、云南、陕西、甘肃、新疆 24 个省（区、市）服务业实际利用外商投资额。考虑到指标的稳定性，采用服务业实际利用外商直接投资金额的对数值来表示。

（3）控制变量

与第5章一致，控制变量分别是城镇化（*URB*）、财政分权（*FIN*）、对外开放程度（*TRADE*）、技术创新（*TECH*）、教育水平（*EDU*）以及市场化（*MAR*）。

本章选用2011～2020年的24个省（区、市）的面板数据作为研究样本。

相关变量的统计性描述如表6.1所示。

表6.1　变量的统计性描述

变量	样本量	均值	标准差	最小值	最大值
SW	240	2.0753	0.1970	1.6401	2.6928
SFDI	240	12.1328	2.1814	0.1000	16.3667
URB	240	0.6000	0.1323	0.3503	0.8960
FIN	240	0.5230	0.1308	0.3168	0.8332
TRADE	240	6.5599	1.3440	3.8774	9.2980
TECH	240	10.5296	1.1821	7.7240	13.4726
EDU	240	7.8707	0.2769	7.1341	8.6328
MAR	240	0.2282	0.0817	0.1103	0.4617

6.3　初步回归结果及稳健性检验

6.3.1　估计方法与初步回归结果

表6.2模型（1）初步检验了服务业外商直接投资对服务业结构高级化的影响。回归结果表明，未加入控制变量时，服务业外商直接投资的回归系数显著为正。模型（2）～模型（7）逐步加入控制变量城镇化（*URB*）、财政分权（*FIN*）、对外开放程度（*TRADE*）、技术创新（*TECH*）、教育水平（*EDU*）以及市场化（*MAR*），结果显示，加入控制变量后，服务业外商直接投资的回归系数依然显著为正。由此可知，服务业外商直接投资有助于提高服务业结构高级化水平，假设6－1得以验证。

服务业外商直接投资对服务业结构高级化具有显著的正向影响，这说明服务业外商直接投资作为影响服务业结构高级化的外部动因之一，其带来积极外溢效应有助于服务业创新能力的提高、服务企业竞争力的增强，并推动服务业结构层次的提升。这证实了假设 6-1，即服务业外商直接投资可以通过直接渠道和间接渠道提升服务业的要素密集度层次，提升服务业内部结构。更进一步而言，经过 40 多年的改革开放，封闭的经济模式在中国已不再适用。随着地区保护主义的逐渐弱化，信息流在区域服务业发展过程中的作用越来越大，优势明显的服务业外资企业产业链可以沿着地区充分伸展，通过各种机制带动中国服务业价值链从低端向高端攀升，进而实现服务业结构高级化。

表 6.2　基准回归结果

变量	模型（1）	模型（2）	模型（3）	模型（4）	模型（5）	模型（6）	模型（7）
SFDI	0.013** (0.006)	0.011** (0.005)	0.008* (0.004)	0.007 (0.005)	0.010** (0.005)	0.012** (0.005)	0.013*** (0.005)
URB		0.812*** (0.094)	0.888*** (0.088)	0.875*** (0.098)	0.383** (0.156)	0.856*** (0.182)	0.778*** (0.191)
FIN			0.310*** (0.116)	0.304** (0.118)	-0.075 (0.169)	-0.002 (0.162)	-0.027 (0.163)
TRADE				0.004 (0.012)	-0.021 (0.019)	-0.006 (0.018)	0.002 (0.019)
TECH					0.049*** (0.012)	0.058*** (0.012)	0.054*** (0.012)
EDU						-0.273*** (0.060)	-0.251*** (0.062)
MAR							0.226 (0.175)
cons	1.917*** (0.069)	1.455*** (0.080)	1.287*** (0.060)	1.280*** (0.065)	1.374*** (0.122)	2.990*** (0.374)	2.802*** (0.401)
R^2	0.0242	0.2759	0.8882	0.8890	0.3295	0.3896	0.3944
Husman 检验	6.32**	14.69***	6.18	7.62	20.00***	68.63***	78.14***
估计方法	固定效应	固定效应	随机效应	随机效应	固定效应	固定效应	固定效应

注：括号中的数值为相应变量的标准误，*、** 和 *** 分别表示在 10%、5% 和 1% 的显著性水平上拒绝原假设。

6.3.2　稳健性检验和内生性检验

（1）替换被解释变量

与第5章相似，依然以高端服务业从业人员占服务业从业人员的比重作为服务业结构高级化的替换指标来进行稳健性检验。回归结果显示，被解释变量的指标替换后，服务业外商直接投资估计系数的方向和显著性与基本模型的回归结果相似，研究结论依旧稳健。

（2）增加控制变量

中国服务业结构高级化是一项动态变化的系统工程，会受到多因素的影响。由于目前无法控制全部有关变量，这使得前述的实证结论可能会有一定程度的遗漏变量。基于此，进一步加入控制变量数字普惠金融（*DIGI*）、互联网普及率（*INT*）以及对外直接投资（*OFDI*）。其中，数字普惠金融（*DIGI*）采用北京大学数字金融研究中心公布的数字普惠金融指数进行衡量；互联网普及率（*INT*）采用互联网宽带接入用户数的对数值来表示；对外直接投资（*OFDI*）采用*OFDI*存量的对数值，这既解决了负值问题，又避免了流量数据短期内波动很大的问题。从表6.3的检验结果可知，服务业外商直接投资与服务业结构高级化之间依然表现为显著正向关系，与前述结论保持一致。

（3）工具变量法

本章选择解释变量滞后一期作为工具变量，并进行内生性检验。检验结果显示，服务业外商直接投资对服务业结构高级化表现为显著的正向影响，研究结论具有较强的稳健性。

表6.3　　稳健性检验和内生性检验

变量	替换被解释变量		增加控制变量		工具变量法	
	估计值	标准误	估计值	标准误	估计值	标准误
SFDI	0.007***	0.002	0.011**	0.005	0.010*	0.006
URB	0.270***	0.063	-0.185	0.335	0.836***	0.110
FIN	-0.125**	0.054	-0.329*	0.168	0.225**	0.096
TRADE	-0.003	0.006	-0.003	0.017	0.039***	0.010
TECH	0.018***	0.004	0.027**	0.012	0.001	0.010

续表

变量	替换被解释变量		增加控制变量		工具变量法	
	估计值	标准误	估计值	标准误	估计值	标准误
EDU	-0.062**	0.021	-0.160***	0.058	0.086***	0.031
MAR	0.154***	0.058	0.251	0.165	0.656***	0.120
DIGI			0.120***	0.040		
INT			0.039	0.032		
OFDI			0.037***	0.009		
cons	0.302**	0.132	1.636***	0.440	0.240	0.226
R^2	0.4736		0.5035		0.8596	
Husman 检验	45.51***					
估计方法	固定效应					

注：*、** 和 *** 分别表示在 10%、5% 和 1% 的显著性水平上拒绝原假设。

6.4　进一步分析

6.4.1　边际效用的检验

考虑到 OLS 估计的均值结果难以反映全部条件分布的情况，因此，进一步采用肯克和巴塞特（Koenker and Bassett，1978）提出的分位数回归模型，估计服务业结构高级化的条件分位数，以反映服务业外商直接投资对其结构高级化在不同分位点的边际效用以及变化规律。从表 6.4 回归结果可知，尽管服务业外商直接投资影响服务业结构高级化的积极边际效用递减，但服务业外商直接投资对服务业结构高级化的影响仅在 0.25 和 0.5 低中分位点显著，在 0.1 低分位点和 0.75、0.9 高分位点并不显著。这说明，服务业结构高级化程度低中的地区能从服务业外商直接投资增多中获得收益，假设 6-2 得以验证。对于服务业结构高级化水平居中的地区来说，吸引服务业外商直接投资会增加本地区服务业发展的资本供给，有助于服务业产业链的高效整合，改造传统服务业，同时带动高端服务业的发展，进而推动服务业内部结构的高级化。但是，服务业结构高级化程度太低的地区，其服务业的对外开放较低，引资规模偏低，难以充分发挥服务业外商直接投资的积极效应。此外，服务业结构高级化程度较高地区的服务业外商直接投资对其影响不显著，这与该地区服务业投资壁垒较高有一定关系，过高的投资壁垒不利于服务业的创新和技术的外溢。

表 6.4　　边际效用检验

变量	0.1 分位点	0.25 分位点	0.5 分位点	0.75 分位点	0.9 分位点
SFDI	0.016 (0.012)	0.015* (0.009)	0.013** (0.006)	0.012 (0.007)	0.011 (0.010)
URB	0.996*** (0.341)	0.901*** (0.241)	0.762*** (0.164)	0.670*** (0.204)	0.597** (0.272)
FIN	-0.044 (0.349)	-0.037 (0.247)	-0.026 (0.168)	-0.019 (0.209)	-0.013 (0.278)
TRADE	0.011 (0.033)	0.007 (0.023)	0.001 (0.016)	-0.003 (0.019)	-0.006 (0.026)
TECH	0.060** (0.026)	0.057*** (0.018)	0.053*** (0.013)	0.051*** (0.016)	0.049** (0.021)
EDU	-0.319*** (0.105)	-0.290*** (0.074)	-0.246*** (0.050)	-0.216*** (0.063)	-0.193** (0.083)
MAR	0.134 (0.308)	0.174 (0.218)	0.232 (0.148)	0.271 (0.185)	0.302 (0.245)

注：*、** 和 *** 分别表示在 10%、5% 和 1% 的显著性水平上拒绝原假设。

6.4.2　不同地区的边际效用检验

考虑到中国服务业结构高级化区域发展不均衡，本章根据宏观区域经济的特征以及服务业发展的情况，分别从东部和中西部地区来考察服务业外商直接投资与服务业对其内部结构高级化影响的区域差别。

回归结果（见表6.5）显示，服务业外商直接投资对服务业结构高级化的影响集中在东部地区，而非中西部地区，假设6－3得以验证。在东部地区，服务业外商直接投资的系数值在各分位数基本显著为正（除了0.1分位点），并且影响效用呈现递减规律。这说明，中国各区域的比较优势差异导致了服务业发展不平衡，在中国当前服务资源分布非均衡的背景下，服务业外资在东部沿海地区的密集度较大。东部地区服务业外资的资金供给、关联效应、技术溢出等有利于提高服务业供给规模和质量，并推动服务业内部结构向高层次跃进。与此同时，东部地区服务业结构水平较高的地区从服务业外商直接投资增多中受到的积极效应下降。这说明，随着东部地区服务业吸引外资规模持续增长，质量也应不断提高，以降低外资对东道国带来的负向影响。整体来看，外资数量和质量的不完全匹配使得服务业外商直接投资对其结构高级化的影响在高分位点不显著。

表6.5　不同区域的边际效用检验

东部地区	0.1分位点	0.25分位点	0.5分位点	0.75分位点	0.9分位点
SFDI	0.041 (0.033)	0.037* (0.022)	0.033*** (0.011)	0.031*** (0.011)	0.030** (0.013)
URB	1.259 (0.860)	1.151** (0.567)	1.019*** (0.297)	0.951*** (0.298)	0.918*** (0.344)
FIN	−0.668 (0.767)	−0.559 (0.505)	−0.425 (0.265)	−0.355 (0.265)	−0.322 (0.307)
TRADE	−0.075 (0.165)	−0.063 (0.109)	−0.048 (0.057)	−0.040 (0.057)	−0.036 (0.066)
TECH	0.112** (0.054)	0.092** (0.036)	0.069*** (0.019)	0.057*** (0.019)	0.051** (0.022)
EDU	−0.339 (0.315)	−0.318 (0.207)	−0.293*** (0.109)	−0.280** (0.109)	−0.274** (0.126)
MAR	0.338 (0.844)	0.361 (0.555)	0.389 (0.291)	0.404 (0.292)	0.411 (0.337)

续表

中西部地区	0.1 分位点	0.25 分位点	0.5 分位点	0.75 分位点	0.9 分位点
SFDI	0.013 (0.012)	0.010 (0.008)	0.007 (0.007)	0.004 (0.010)	0.001 (0.017)
URB	1.127 *** (0.331)	0.984 *** (0.212)	0.870 *** (0.187)	0.713 ** (0.287)	0.548 (0.458)
FIN	0.160 (0.340)	0.225 (0.217)	0.277 (0.192)	0.349 (0.295)	0.424 (0.469)
TRADE	0.022 (0.029)	0.020 (0.019)	0.019 (0.017)	0.017 (0.025)	0.015 (0.040)
TECH	0.028 (0.024)	0.028 * (0.015)	0.028 ** (0.013)	0.028 (0.021)	0.028 (0.033)
EDU	-0.330 *** (0.091)	-0.289 *** (0.058)	-0.256 *** (0.052)	-0.210 *** (0.079)	-0.163 (0.126)
MAR	-0.087 (0.313)	-0.003 (0.200)	0.063 (0.177)	0.155 (0.272)	0.251 (0.432)

注：括号中的数值为相应变量的标准误，*、** 和 *** 分别表示在 10%、5% 和 1% 的显著性水平上拒绝原假设。

6.5 小结

本章在理论分析的基础上，采用普通面板数据模型和面板分位数回归模型，依据 2011～2020 年中国省级面板数据，实证检验了服务业外商直接投资对服务业结构高级化的影响。研究发现：

第一，基准检验结果表明，服务业外商直接投资对服务业结构高级化具有显著的正向影响。这说明，服务业外商直接投资作为影响服务业结构高级化的外部动因之一，其带来的积极外溢效应有助于服务业创新能力的提高、服务企业竞争力的增强，并推动服务业结构层次的提升。稳健性和内生性检验发现，研究结论具有良好的稳健性。

第二，面板分位数检验表明，尽管服务业外商直接投资影响服务业结构高级化的积极边际效用递减，但服务业外商直接投资对服务业结构高级化的影响仅在0.25和0.5低中分位点显著，在0.1低分位点和0.75、0.9高分位点并不显著。这说明，服务业结构高级化程度低中的地区能从服务业外商直接投资增多中获得收益。

第三，分区域的面板分位数检验显示，服务业外商直接投资对服务业结构高级化的影响集中在东部地区，而非中西部地区。在东部地区，服务业外商直接投资的系数值在各分位数基本显著为正（除了0.1分位点），并且影响效用呈现递减规律。

第7章　服务业地区工资差异、服务业外商直接投资对服务业结构高级化影响的实证检验

7.1　理论分析

7.1.1　研究假设

不同地区服务业工资水平不同，服务业工资水平较高的地区会使得服务业的要素禀赋结构发生变化，从而导致资本、技术等要素投入量逐渐增加而劳动力不断减少，进而促进服务业向资本密集型和技术密集型行业发展，推动本地区服务业结构高级化。1999年林毅夫就指出，要素禀赋结构的提高会使得昂贵的劳动力被便宜的资本所代替，内部结构优化自然水到渠成。然而，若一个地区服务业工资的上涨不能被生产率的提高所抵消，服务业的成本将会越来越高。按照“鲍莫尔成本病”理论可以推断，服务业“成本病”问题的出现将不利于其内部结构的高级化。因此，本书提出以下假设。

假设7-1：对于一个地区而言，服务业工资水平的上升在一定程度上有助于促进该地区服务业结构高级化，但前提条件是，该地区的服务业能创造更高的生产率。

从属性上来看，外商直接投资若是一种商品，则该商品是集资金、先进技术、优秀企业管理经验等资源的集合体。正是由于服务业外商直接投资能够带动其内部结构向高层次转型升级，所以中国采取一系列措施扩大对外开放、优化外商投资环境、加大吸引服务业外商直接投资。

假设7-2：服务业外商直接投资有助于提升东道国服务业结构高级化水平。

毫无疑问，服务业外商直接投资是服务业结构高级化的重要外部力量，服务业外商直接投资在对服务业结构高级化产生资本效应的同时，还通过模仿效应、竞争效应等途径对内资服务企业形成技术溢出效应，推动服务业内部结构向高级化转型。而服务业地区工资差异作为影响服务业劳动力的供给环境和需求环境的重要因素，必然会对服务业外商直接投资作用于服务业内部结构的转换效果产生影响。

假设 7-3：服务业地区工资差异和服务业外商直接投资对其结构高级化存在交互影响。

改革开放后，中国各地区现代化、工业化进程不同，服务业发展区域差异明显。有些地区顺应产业演进和变革要求，创新服务业态，提升服务业效率，推动服务业从低级形态向高级形态转变。但有些地方依然存在着服务业规模相对较小、服务业开放度不足等问题，这严重制约了服务业结构高级化转型。从一定程度上来说，各地区服务业结构高级化程度不同，服务业地区工资差异、服务业外商直接投资、服务业地区工资差异与服务业外商直接投资交互项对服务业结构高级化的影响也不同。

假设 7-4：服务业地区工资差异、服务业外商直接投资、服务业地区工资差异与服务业外商直接投资交互项对其内部结构高级化的影响在不同阶段的边际效用存在差别。

7.1.2 理论分析框架

服务业结构高级化主要表现为服务业内部行业产值比重的相对变化，根据 C-D 生产函数可知，服务业内部各行业的产值主要取决于劳动力、资本等要素的投入，即：

$$Y_i = f(K_i, L_i) \tag{7.1}$$

当劳动生产率被确定为资本作用的函数，即：

$$K_i = g(e_i) \tag{7.2}$$

则：

$$Y_i = L_i \times e_i \tag{7.3}$$

其中，Y_i 为 i 行业的产值，L_i 为 i 行业的劳动力人数，e_i 为 i 行业的劳动生产率。

为更好地反映劳动力在各行业之间的配置结构及其变化，可表示为：

$$Y_i = L_i/L \times L \times e_i = l_i \times L \times e_i \tag{7.4}$$

其中，l_i 为 i 行业的劳动力占总劳动力比重，L 为服务业总劳动力。

若服务业由 n 个行业组成，则服务业总产值为：

$$\sum_{i=1}^{n} Y_i = L\sum_{i=1}^{n} e_i l_i \tag{7.5}$$

此时，以服务业 i 行业产值的相对比重表示服务业结构高级化，可得：

$$SW = \frac{Y_i}{\sum_{i=1}^{n} Y_i} = \frac{l_i \times L \times e_i}{L\sum_{i=1}^{n} e_i l_i} \tag{7.6}$$

其中，SW 为服务业结构高级化。这说明，服务业结构高级化取决于行业劳动生产率和劳动力比重的变化。

周冯琦（2001）根据劳动力报酬和利润模型，分析发现行业劳动生产率和劳动力比重的变化均取决于劳动力报酬比重的变化，这表示服务业结构高级化与工资变化有关。从区域层面来看，不同地区的服务业结构高级化与地区间服务业工资差异有关。基于此，故可将式（7.6）简化为：

$$SW = f(RWA) \tag{7.7}$$

从第 5 章的分析可知，服务业地区工资差异对服务业结构高级化的影响呈现出非线性特征，因此，在式（7.7）的基础上加入服务业地区工资差异的平方项。

$$SW = f(RWA, RWA^2) \tag{7.8}$$

此外，不少学者指出，外商直接投资通过外包、技术外溢等途径影响服务业结构高级化。因此，可将式（7.8）扩展为：

$$SW = f(RWA, RWA^2, SFDI) \tag{7.9}$$

同时，根据上述理论分析可知，服务业地区工资差异和服务业外商直接投资对其结构高级化存在交互影响，故在式（7.9）的基础上加入交互项，即：

$$SW = f(RWA, RWA^2, SFDI, RWA \times SFDI, RWA^2 \times SFDI) \tag{7.10}$$

考虑到影响服务业结构高级化的其他变量，式（7.9）可变为：

$$SW = f(RWA, RWA^2, SFDI, RWA \times SFDI, RWA^2 \times SFDI, X) \tag{7.11}$$

其中，*RWA* 为服务业地区工资差异；*SFDI* 为服务业外商直接投资；*X* 为其他一系列可能影响服务业结构高级化的因素。

7.2　模型、变量与数据

根据上述理论分析，本章构建如下计量模型：

$$\begin{aligned} SW_{it} = {} & \alpha_0 + \alpha_1 RWA_{it} + \alpha_2 RWA_{it}^2 + \alpha_3 SFDI_{it} + \alpha_4 RWA_{it} \times SFDI_{it} \\ & + \alpha_5 RWA_{it}^2 \times SFDI_{it} + \sum \alpha_j X_{it} + \varepsilon_{it} \end{aligned} \tag{7.12}$$

其中，i 和 t 分别为地区和时间，SW_{it}为被解释变量，RWA_{it}和 RWA_{it}^2分别为核心解释变量服务业地区工资差异的一次项和二次项，$SFDI_{it}$为服务业外商直接投资，$\sum \alpha_j X_{it}$ 表示模型中的控制变量，ε_{it}为随机误差项。

变量服务业结构高级化（*SW*）和服务业地区工资差异（*RWA*）与第 5 章一致。变量服务业外商直接投资（*SFDI*）和第 6 章一致。

控制变量分别为对外直接投资（*OFDI*）、对外开放程度（*TRADE*）、财政分权（*FIN*）。其中，对外直接投资（*OFDI*）考虑到流量数据没有滞后效应，能够反映经济状况的当期发展和变化等因素，故采用 *OFDI* 流量与分地区 GDP 总额的比重进行衡量；对外开放程度（*TRADE*）利用进出口总额的对数值来衡量；财政分权（*FIN*）采用财政收入分权进行衡量，即地区人均收入占地区人均收入与中央人均收入之和的比例。

与第 6 章一样，本章选用 2011 ~ 2020 年的 24 个省（区、市）的面板数据作为研究样本。相关变量的统计性描述如表 7.1 所示。

表7.1 变量的统计性描述

变量	样本量	均值	标准差	最小值	最大值
SW	240	2.0753	0.1970	1.6401	2.6928
RWA	240	1.0186	0.3063	0.6800	2.0300
RWA^2	240	1.1310	0.7901	0.4624	4.1209
SFDI	240	12.1328	2.1814	0.1000	16.3667
OFDI	240	0.0060	0.0084	0.0001	0.0666
TRADE	240	6.5599	1.3440	3.8774	9.2980
FIN	240	0.5230	0.1308	0.3168	0.8332

7.3 实证分析

7.3.1 基准回归结果分析

表7.2中，模型（1）检验了服务业地区工资差异对服务业结构高级化的影响。结果显示，服务业地区工资差异的一次项系数显著为正，服务业地区工资差异的平方项系数显著为负，假设7-1得以验证。模型（2）检验了服务业外商直接投资对服务业结构高级化的影响。结果发现，服务业外商直接投资的回归系数显著为正，假设7-2得以验证。模型（3）检验了服务业地区工资差异和服务业外商直接投资同时对其内部结构高级化的影响。结果表明，服务业地区工资差异的一次项系数和二次项系数分别显著为正和负，服务业外商直接投资的系数显著为正。模型（4）在模型（3）的基础上加入了服务业地区工资差异与服务业外商直接投资的交互项。回归结果表明，服务业地区工资差异一次项系数、服务业地区工资差异二次项系数、服务业外商直接投资系数均显著，且估计方向与模型（3）一致；同时，服务业地区工资差异一次项和服务业外商直接投资交互项的系数显著为负，服务业地区工资差异二次项和服务业外商直接投资交互项的系数显著为正，假设7-3得以验证。模型（5）~模型（7）在模型（4）的基础上依次加入控制变量对外直接投资（*OFDI*）、教育水平（*EDU*）、对外开放程度（*TRADE*）。检验结果表明，服务业地区工

资差异一次项系数、服务业地区工资差异二次项系数、服务业外商直接投资系数、服务业地区工资差异一次项和服务业外商直接投资交互项的系数、服务业地区工资差异二次项和服务业外商直接投资交互项的系数均显著，且影响方向与模型（4）相同。由此可知，除了服务业地区工资差异对其内部结构高级化的影响呈现出先扬后抑的倒“U”形特征、服务业外商直接投资对其内部结构高级化的影响表现为积极效应之外，服务业外商直接投资对服务业地区工资差异与其内部结构高级化的关系具有负向调节作用。换言之，服务业外商直接投资削弱了服务业地区工资差异对其内部结构高级化的倒“U”形影响。这意味着，在服务业地区工资差异较小时，服务业外商直接投资抢占国内服务业市场，对国内服务业企业尤其是对处于上升期的中小型企业带来巨大冲击，从而削弱了服务业地区工资差异对其内部结构高级化的正向影响。随着服务业地区工资差异的扩大，服务业领域引资质量不断提高，进而削弱了服务业地区工资差异对其内部结构高级化的负向影响。

表 7.2　基准回归结果

变量	模型（1）	模型（2）	模型（3）	模型（4）	模型（5）	模型（6）	模型（7）
RWA	0.803*** (0.278)		0.700** (0.281)	4.288** (1.776)	4.400** (1.757)	5.071*** (1.702)	5.056*** (1.709)
RWA^2	−0.388*** (0.111)		−0.353*** (0.111)	−2.123** (0.820)	−2.111** (0.811)	−2.444*** (0.786)	−2.437*** (0.789)
SFDI		0.013** (0.006)	0.011** (0.006)	0.155** (0.078)	0.170** (0.077)	0.199*** (0.074)	0.198*** (0.075)
$RWA \times SFDI$				−0.289** (0.144)	−0.312** (0.142)	−0.375*** (0.138)	−0.375*** (0.138)
$RWA^2 \times SFDI$				0.139** (0.064)	0.146** (0.064)	0.175*** (0.062)	0.174*** (0.062)
OFDI					1.776** (0.735)	1.996*** (0.711)	1.980*** (0.721)
TRADE						0.073*** (0.018)	0.073*** (0.018)

续表

变量	模型（1）	模型（2）	模型（3）	模型（4）	模型（5）	模型（6）	模型（7）
FIN							0.028 (0.194)
cons	1.696*** (0.169)	1.917*** (0.069)	1.625*** (0.172)	-0.126 (0.930)	-0.245 (0.921)	-1.000*** (0.907)	-1.000*** (0.909)
R^2	0.0618	0.0242	0.0790	0.1004	0.1248	0.1901	0.1902
Husman 检验	56.99***	6.32**	55.31***	39.56***	26.52***	24.00***	14.38*
估计方法	固定效应	固定效应	固定效应	固定效应	固定效应	固定效应	固定效应

注：括号中的数值为相应变量的标准误，*、** 和 *** 分别表示在 10%、5% 和 1% 的显著性水平上拒绝原假设。

7.3.2 稳健性检验和内生性检验

（1）替换被解释变量

与第 5 章相似，依然以高端服务业从业人员占服务业从业人员的比重作为服务业结构高级化的替换指标来进行稳健性检验。回归结果（见表 7.3）显示，被解释变量的指标替换后，服务业外商直接投资估计系数的方向和显著性与基本模型的回归结果相似，研究结论依旧稳健。

（2）替换方法

由于服务业外商直接投资对服务业结构优化的作用关系较为复杂，为避免彼此间可能的内生性而导致衡量偏误，本章采用系统 GMM 模型进行估计。从表 7.3 的检验结果可知，滞后一期的服务业结构高级化系数显著为正，因此服务业结构高级化具有明显的持续性，即服务业结构的升级过程具有一定的"惯性"。同时，服务业外商直接投资与服务业结构高级化之间依然表现为显著正向关系，与前述结论保持一致。

（3）工具变量法

本章选择市场化作为工具变量，并进行内生性检验。检验结果显示，服务业外商直接投资对服务业结构高级化表现为显著的正向影响，研究结论具有较强的稳健性。

表 7.3 **稳健性检验和内生性检验**

变量	替换被解释变量		替换方法		工具变量法	
L. SW			0.356***	0.038		
RWA	1.714***	0.555	10.476***	3.062	29.889*	17.730
RWA^2	−0.983***	0.256	−4.796***	1.634	−14.119*	8.314
SFDI	0.053**	0.024	0.407***	0.105	1.116*	0.653
RWA × *SFDI*	−0.114**	0.045	−0.792***	0.227	−2.235*	1.304
RWA^2 × *SFDI*	0.064***	0.020	0.364***	0.119	1.051*	0.608
OFDI	0.562**	0.234	1.040***	0.364	1.620	1.509
TRADE	0.027***	0.006	0.061***	0.010	0.070**	0.029
FIN	−0.095	0.063	−0.199	0.130	0.561***	0.194
cons	−0.697**	0.295	−4.370***	1.408	−13.596	8.982
R^2	0.3179				0.4819	
Husman 检验	48.67***					
估计方法	固定效应					

注：*、** 和 *** 分别表示在 10%、5% 和 1% 的显著性水平上拒绝原假设。

7.3.3 分行业异质性检验

从表 7.4 可知，在生产性服务业和生活性服务业中，其地区工资差异一次项的系数估计值显著为负，地区工资差异二次项的系数估计值显著为正，外商直接投资的系数估计值显著为正，并且服务业外商直接投资对其地区工资差异与其内部结构高级化的关系中具有负向调节作用。在公共服务业中，仅其地区工资差异二次项和服务业外商直接投资交互项的系数估计值显著为正。这说明，服务业外商直接投资对服务业地区工资差异与其内部结构高级化的倒“U”形关系负向调节作用集中在生活性服务业和生产性服务业。由此可知，当生活性服务业和生产性服务业的地区工资差异小于临界点时，服务业外商直接投资会对国内相关企业带来一定冲击，从而弱化地区工资差异对服务业结构高级化的促进作用。但当生活性服务业和生产性服务业的地区工资差异超过临界点后，各地区更加注重提高利用外资的质量，进而削弱地区工资差异对服务业内部结构高级化的负向影响。

表 7.4　分行业异质性检验结果

变量	生产性服务业		生活性服务业		公共服务业	
	估计值	标准误	估计值	标准误	估计值	标准误
RWASC	0.944 ***	0.233				
$RWASC^2$	-0.280 ***	0.088				
RWASH			0.716 ***	0.250		
$RWASH^2$			-0.406 ***	0.099		
RWAGG					0.440	0.469
$RWAGG^2$					-0.233	0.165
SFDI	0.016 *	0.010	0.019 *	0.011	-0.001	0.021
$RWASC \times SFDI$	-0.037 *	0.019				
$RWASC^2 \times SFDI$	0.016 **	0.007				
$RWASH \times SFDI$			-0.046 **	0.019		
$RWASH^2 \times SFDI$			0.027 ***	0.007		
$RWAGG \times SFDI$					-0.013	0.019
$RWAGG^2 \times SFDI$					0.024 ***	0.005
OFDI	1.849 ***	0.638	1.776 **	0.682	1.975 ***	0.676
TRADE	0.017	0.010	0.073 ***	0.018	0.066 ***	0.017
FIN	-0.061	0.132	0.065	0.185	-0.028	0.185
cons	1.379 ***	0.144	1.244 ***	0.187	1.272 ***	0.344
R^2	0.9382		0.2060		0.2904	
Husman 检验	-4.10		20.92 ***		15.51 **	
估计方法	随机效应		固定效应		固定效应	

注：*、** 和 *** 分别表示在 10%、5% 和 1% 的显著性水平上拒绝原假设。

7.4　进一步分析

为进一步检验服务业地区工资差异、服务业外商直接投资、服务业地区工资差异与服务业外商直接投资交互项对其结构高级化在不同分位点的边际效用以及变化规律，本章将继续采用面板分位数回归模型进行检验。从表 7.5 的回归结果可知，服务业外商直接投资对服务业地区工资差异与其内部结构高级化的倒“U”形关系负向调节作用主要分布于中分位点，假设 7 – 4 得以验证。这说明，在已控制的地区条件水平下，在服务业结构高级化水平偏低和过高的地区，服务业外商直接投资对服务业地区工资差异与其内部结构高级化的调节效应不显著。究其原因，当前中国服务业吸引外资规模不断增加，2011 年服务业超过制造业，成为中国利用外资的第一大领域。同时，服务业外资结构明显优化。信息传输、软件和信息技术服务业，科学研究和技术服务业，金融业等现代服务业吸引外资所占份额日益增多。这使得服务业内部结构层次偏低的地区难以有效吸引外资，而服务业内部结构偏高地区容易形成市场壁垒，因此服务业外商直接投资对服务业地区工资差异与其内部结构高级化的倒“U”形关系调节作用集中分布于中分位点。

表 7.5　　不同分位点的检验

变量	0.1 分位点	0.25 分位点	0.5 分位点	0.75 分位点	0.9 分位点
RWA	5.579 (5.888)	5.279 (3.711)	4.992** (2.333)	4.766* (2.631)	4.600 (3.541)
RWA^2	−2.576 (2.632)	−2.496 (1.659)	−2.420** (1.043)	−2.360** (1.176)	−2.316 (1.583)
SFDI	0.261 (0.267)	0.225 (0.168)	0.191* (0.106)	0.164 (0.119)	0.144 (0.160)
$RWA \times SFDI$	−0.457 (0.475)	−0.410 (0.299)	−0.365* (0.188)	−0.330 (0.212)	−0.304 (0.285)
$RWA^2 \times SFDI$	0.196 (0.205)	0.183 (0.129)	0.172** (0.081)	0.163* (0.091)	0.156 (0.123)
OFDI	3.826 (2.408)	2.767* (1.513)	1.753* (0.957)	0.954 (1.069)	0.366 (1.437)
TRADE	0.098** (0.047)	0.084*** (0.030)	0.070*** (0.019)	0.059*** (0.021)	0.051* (0.028)
FIN	0.173 (0.650)	0.090 (0.410)	0.010 (0.258)	−0.053 (0.291)	−0.099 (0.391)

注：括号中的数值为相应变量的标准误，*、** 和 *** 分别表示在 10%、5% 和 1% 的显著性水平上拒绝原假设。

7.5　小结

通过构建理论模型，依据 2011 ~ 2020 年中国省级面板数据，实证检验了服务业地区工资差异、服务业外商直接投资对服务业结构高级化的影响及其调节作用，本章主要结论如下：

第一，基准检验结果表明，除了服务业地区工资差异对其内部结构高级化的影响呈现出先扬后抑的倒"U"形特征、服务业外商直接投资对其内部结构高级化的影响表现为积极效应之外，服务业外商直接投资对服务业地区工资差异与其内部结构高级化的关系具有负向调节作用。稳健性和内生性检验发现，研究结论具有良好的稳健性。

第二，分行业异质性检验表明，服务业外商直接投资对服务业地区工资差异与其内部结构高级化的倒"U"形关系负向调节作用集中在生产性服务业和生活性服务业，而非公共服务业。

第三，面板分位数检验显示，服务业外商直接投资对服务业地区工资差异与其内部结构高级化的倒"U"形关系负向调节作用主要分布于中分位点；在服务业结构高级化水平偏低和过高的地区，服务业外商直接投资对服务业地区工资差异与其内部结构高级化的调节效应不显著。

第8章　服务业结构高级化的国际比较

8.1　美国

美国作为服务业大国，其金融服务、娱乐产业、信息服务等领域具备全球竞争优势。随着社会从工业向服务社会、经济由工业向服务经济的演进，发达的服务业为美国奠定了世界经济领先地位的基础。根据世界银行的数据，从20世纪60年代开始，美国服务业增加值占其GDP的比重持续保持在50%以上，近些年更是超过了80%。21世纪以来，随着生产性服务业的崛起和制造业服务化智能化趋势的加强，美国呈现出明显的经济服务化趋势。然而，2008年全球金融危机警示了美国“过度服务化”和“脱实向虚”、产业“空心化”的问题，推动美国实施“再工业化”战略，重振制造业，调整服务业结构，以维持和强化国家整体竞争优势。

自20世纪50年代以来，美国服务业持续增长，并保持较快的增长趋势。一方面，其吸纳了大量劳动力，稳定了就业；另一方面，还发挥了“蓄水池”的作用，成为美国国民经济发展的强有力引擎，同时推动着美国国民经济的平衡稳定发展。

从图8.1可知，1997～2021年，美国服务业不断壮大，服务业产值从1997年的61594.59亿美元上升至2021年的180923.18亿美元，服务业产值占GDP的比重从1997年的71.81%上升至2021年的77.60%。

值得关注的是，进入20世纪90年代，伴随着信息技术的迅速发展，美国服务业结构发生了根本性变化，知识型服务业产出比重超过了劳务型服务业。知识型服务业是以信息及知识为基础的服务部门，主要包括金融业、商务服务业、信息服务业等，是服务业中劳动生产率较高、活跃性较强、创新性突出的服务部门。而劳务型服务业是技术和知识含量偏低的服务部门，低端服务行业对经济发展的贡献有限。从 2017 ~ 2020 年美国服务业分行业增加值可知，金融、保险、房地产和租赁，以及专业与商业服务等知识型服务业使美国服务业的地位凸显（见表 8.1）。石光（2019）研究指出，现阶段美国的知识密集型服务业产出占比已经高达 47%。由此可知，发展知识密集型服务业是美国服务业结构高级化的关键方向，尤其在劳动力工资上升的背景下，美国加快发展知识密集型服务业有助于破解服务业要素工资高的“瓶颈”。为此，美国以中心城市为核心形成了多个知识型服务业集聚区，集中了大量的科技服务业、金融业、信息与通信服务业。以纽约市为例，自第二次世界大战以来，服务业在其经济中的地位越来越重要。当前，纽约已成为美国乃至全球重要的国际金融中心、国际互联网关口、大众传媒集中地，纽约知识型服务业集聚为其服务业结构高级化和经济领先发展提供了重要支撑。

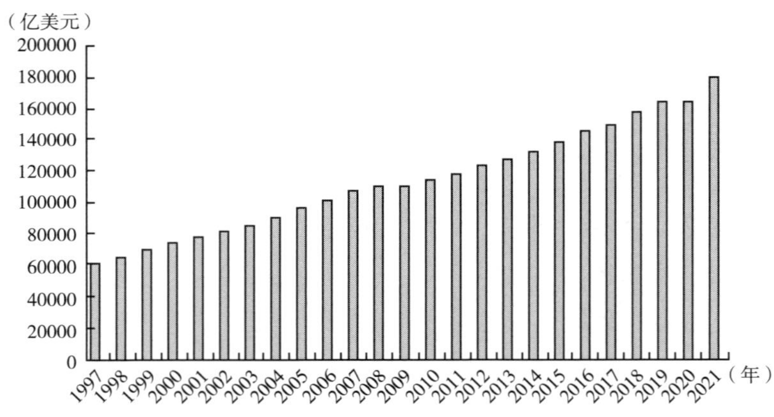

图 8.1　1997 ~ 2021 年美国服务业产值

资料来源：根据世界银行公布的数据整理。

表 8.1　　**2017 ~ 2022 年服务业分行业增加值**　　单位：10 亿美元

行业	2017 年	2018 年	2019 年	2020 年	2021 年	2022 年
批发贸易	1176. 1	1222. 1	1295. 9	1299. 9	1415. 6	1546. 8
零售贸易	1178. 9	1223. 6	1277. 3	1335. 6	1534. 9	1621. 0
交通与仓储	635. 5	677. 3	708. 5	637. 4	776. 2	920. 5

续表

行业	2017 年	2018 年	2019 年	2020 年	2021 年	2022 年
信息产业	1010.0	1041.5	1141.5	1177.7	1318.7	1392.8
金融、保险、房地产和租赁	4033.0	4258.2	4446.5	4606.5	4972.4	5329.9
专业与商业服务	2433.6	2589.1	2727.9	2725.8	3030.6	3314.3
教育服务、保健和社会援助	1716.9	1792.0	1883.8	1875.2	2019.3	2149.8
艺术、娱乐、休闲、住宿和食品服务	831.2	874.6	922.2	694.2	904.2	1081.6
其他服务，政府除外	433.2	457.7	477.7	452.9	487.8	544.4
公共管理	2455.8	2558.8	2632.3	2710.7	2809.2	2936.6

资料来源：根据美国商务部经济分析局公布的数据整理，参见 https：//www. bea. gov。

当然，美国为了促进知识型服务业发展和服务业结构高级化，也采取了强力措施。第一，以高工资吸引高技能人才集聚。尽管美国服务业要素工资包括劳动力工资呈上涨趋势，但美国依然对高技能服务部门的劳动者提供高工资。2019 年美国 Glassdoor 网站公布了 2018 年 7 月 ~2019 年 6 月美国各行业薪资报告，从中可发现服务业的高薪职业主要集中在医疗、科技、咨询等可替代性小、专业性强的知识密集型行业。通过高薪酬吸引高技能服务业集聚，推动服务业结构高级化，促进经济增长。第二，优化服务业的行业分工和资源配置。基于经济全球化和服务业要素工资上升的现实背景，美国集中各类资源重点推动高智力、高附加值知识密集型行业的集聚发展，形成了纽约曼哈顿、芝加哥卢普区等知识型服务业集聚区。通过集聚效应形成内生工资下降的动力，缓解服务业工资上升的压力。第三，政策支持。美国政府通过立法和设立专门机构的方式，为知识型服务业的发展和集聚提供良好的制度环境。例如，《美国竞争力再授权法案》（2010 年）明确要求实施区域创新集群计划，提高产业竞争力。同时，美国利用财政金融手段支持知识型服务业集聚，大力支持知识型服务业创新创业，营造集聚创新创业氛围。此外，美国政府努力搭建高效的集聚信息共享平台，重视与行业协会、企业商会、高校的合作，掌握知识型服务业集聚的动态，为服务业结构高级化提供可靠且全面的信息。

8.2 新加坡

从20世纪80年代开始，新加坡确立了现代服务业的重要地位，随后其成为新加坡经济发展的主要推动器。如今，新加坡已经成为融国际航运、贸易、旅游、金融等多个行业为一体的国际服务业中心之一。而在迈入21世纪以后，新加坡更是重点推动服务经济向信息化和知识化的转变，并视其为核心竞争力。

受独特的地理区位以及全球经济局势等因素的影响，新加坡的现代服务业发展主要经历了四个阶段。

第一阶段，20世纪50年代末至60年代末。这个阶段的新加坡发挥其特有地理环境的优越性，将农渔业和制造业放在次要的位置，重点发展转口贸易。此时，传统服务经济以单一出口贸易为主要特点。但在东南亚各国直接进出口贸易快速发展的背景之下，新加坡转口贸易遇到危机，并由此引发了一系列负面问题。随着经济增速放慢、失业率上升、传统服务经济受到冲击等现实因素的影响，新加坡不得不转变经济发展方式。

第二阶段，20世纪70年代至80年代中期。由于国内传统的转口服务经济受到冲击，新加坡寻求新的出路。此时，正处于西方国家将劳动密集型制造业转移到发展中国家的大背景之下，新加坡抓住机遇，加快实施了以出口为导向的工业化经济发展战略，以发展造船、炼油和电子等领域的出口制造业为重点。而此时服务业经济的增长依附于上述制造业的发展，服务业发展受到限制，退居次要地位。

第三阶段，20世纪80年代中后期至90年代末。在新加坡外向型经济受到冲击、劳动密集型出口制造业丧失竞争优势的背景下，新加坡政府采取推动制造业向现代服务业转型升级的措施，加紧推动资本密集型和技术密集型行业的发展。同时，再次将重心放在发展现代服务业上，包括但不限于物流、交通通信、商贸以及金融等领域。

第四阶段，21世纪初至今。在亚洲金融危机之后，新加坡加大力发展现代服务业，致力于打造为亚洲主要国家提供世界级服务的中心。为了实现这一目标，新加坡对贸易、物流、信息、金融和旅游等现有服务业进行了全面的知识化和信息化改造和调整，并发挥双语优势，促进法律服务、健康保健以及教育等新兴服务业高标准发展。基于以上举措，新加坡向以现代服务业经济为主的更高经济形态转变。如图 8.2 所示，截至 2021 年，新加坡的服务业产值占 GDP 的比重为 70.28%。

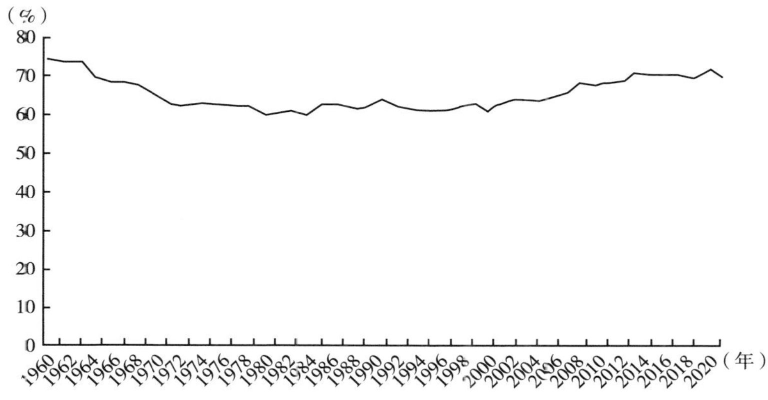

图 8.2　1960 ~ 2021 年新加坡服务业产值占 GDP 的比重

资料来源：根据世界银行公布的数据整理。

新加坡在 2022 年制定了《新加坡经济 2030 愿景》，着眼于服务业、制造业、贸易和企业四大支柱，为长远经济增长规划发展蓝图。在服务业方面，主要聚焦于可持续经济和数字化趋势。《数字经济伙伴关系协定》（DEPA）是新加坡签署的第一个数字经济协议，为全球数字经济制度提供了范本。新加坡凭借本国便捷的连接性、卓越的商业环境、强大的基础设施和高素质的劳动力，积极构建数字经济行动框架。目前，新加坡的服务业在经济中占据超过 70% 的份额，包括金融、保险、信息通信技术、专业服务和物流等领域。数字化表现出颠覆性的趋势，涉及区块链、人工智能、机器学习、增强现实和虚拟现实等技术，从根本上改变了人们与世界交流的方式。通过新一代信息技术，如 5G、云计算和大数据等，推动服务业的创新发展，数字技术与金融、商贸、教育、医疗和交通运输等服务业深度融合，推动新加坡服务业内部结构向高级化转型。

8.3 日本

20世纪以来，日本服务业的发展主要经历了缓慢发展阶段、加速发展阶段和交替起伏演进阶段。缓慢发展阶段（1920～1970年初）：第二次世界大战时期，日本主要发展重工业，服务业发展严重不足；第二次世界大战后，日本开始吸收美国的科技成果，在促进工业发展的同时，服务业的产出和就业也呈现上升趋势。加速发展阶段（1970～1990年）：1970～1980年日本经历了两次石油危机，石油危机对日本制造业的冲击极大地推动了日本服务业结构的调整。在此期间，咨询服务业、信息服务业等现代服务业开始出现。此外，1980～1990年是日本的泡沫经济时期，折扣店、超市、连锁等零售业态的出现也加快了服务业的发展。交替起伏演进阶段（1991年至今）：该阶段日本大力发展服务业，尤其以互联网技术革命为代表的新科技革命使软件与信息技术服务业迅速崛起。从世界银行获得的相关数据可知，虽然1994～2021年日本服务业发展呈现出波动态势，但在2015年以后，日本的服务业产值占GDP的比重总体维持在稳定的发展态势（见图8.3）。

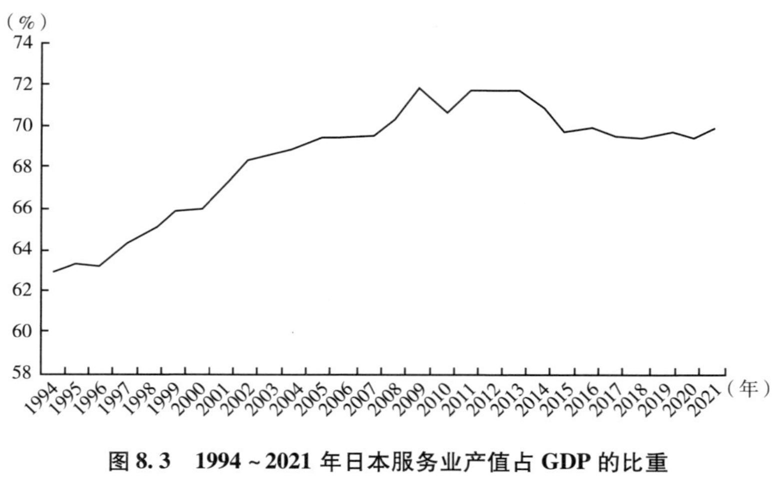

图8.3 1994～2021年日本服务业产值占GDP的比重

资料来源：根据世界银行公布的数据整理。

近几年，服务业与制造业的融合趋势愈发显著，具体体现在两个方面。其一，制造业的生产和经营活动越来越离不开租赁、金融、信息服务等服务业的支持。制造业对服务业的依赖性加强，服务产品占中间产品的比例也在提高。其二，随着服务业经营范围的延伸，其对制造业的渗透不断加强。服务业企业凭借管理经验、技术优势等，将生产链延展至产品设计和生产环节，实现了向制造业的跨界发展。在这种融合发展的趋势之下，生产性服务业得到了前所未有的发展，极大地推动了服务业结构的升级。生产性服务业主要为制造业企业提供信息服务、软件服务、金融服务、财务咨询以及人力资源管理服务等中间产品服务。这些高附加值服务行业的发展有助于促进服务业结构的提升。

从日本服务业的发展历程可知，在 20 世纪 90 年代初，日本泡沫经济破灭，经历昙花一现的辉煌过后，日本经济严重停滞，大部分行业都面临着生产能力饱和的问题，包括但不限于重工业以及化学工业。为解决此问题，日本逐渐将经济发展重心转向技术密集型的服务业。同时，计算机软件、信息服务业和动漫等生产性服务产业的蓬勃发展带动了日本服务业及其相关产业的增长。21 世纪以来，日本从倡导高科技的发展开始转为倡导发展高品质服务，并将提升服务质量作为新时期经济增长的重要来源和追求目标。通过生产性服务业与先进制造业的融合、合作和渗透，日本扩大了服务市场需求，延伸了服务业价值链，推动了服务业结构的升级。

除此之外，在日本的生产性服务业中，电信业和信息服务业等新兴的生产性服务业份额逐渐增加。随着互联网技术的不断发展和 5G 时代的到来，这些新兴行业显露出强劲的增长势头，产业的迭代升级正在日本的生产性服务业内部进行。通过创造性破坏过程，新业态和新产业不断涌现，将推动服务业结构向更高级别的转型，实现服务业结构高级化。

8.4 德国

德国是一个高度发达的工业国。2019 年，德国的国内生产总值为 34358 亿欧元，经济总量在全球排名第四，在欧洲排名第一。近年来，德国服务业发展迅速，尤其是保险业、交通运输业、会展业较为发达。2019 年，德国服务业就业人数为 3373 万，占总就业人口的 74.5%。①

在保险业领域，德国的保险业规模在欧洲排名靠前，同时在全球范围内具有重要的影响力。例如，德国安联集团既是欧洲最大的保险公司之一，也是全球最大的保险和资产管理集团之一。安联集团的业务覆盖广泛，不但涵盖了健康险、寿险、责任险、财产险、再保险等各类险种，而且提供风险管理咨询服务和资产管理服务。2021 年 5 月，安联集团在“2021 福布斯全球企业 2000 强”榜单中排名第 24 位。此外，德国还有一些全球知名的再保险公司，如德国科隆再保险公司、慕尼黑再保险公司、德国通用再保险公司等。

在交通运输领域，德国拥有高度发达的基础设施，公路、水路和航空运输全面发展。作为全球首个建设高速公路的国家，德国在公路运输方面具有显著优势。同时，德国是欧洲内河航道网络最密集的国家。此外，德国的法兰克福是欧洲重要的航空枢纽，同时也是星空联盟总部所在地。相关统计数据表明，2018 年，德国的货运总量达 40.52 亿吨，其中公路运输 32 亿吨，铁路运输 3.49 亿吨，内河运输 1.97 亿吨。同年，德国的客运总量约达 127.63 亿人次，其中铁路运输 28.81 亿人次，公路及城市轨道交通合计 95.83 亿人次，航空运输 2.23 亿人次。②

在会展业领域，德国是会展业强国。随着技术进步和经济发展，德国展会的专业化特点尤为显著。一方面，德国展会种类繁多，专业展会几乎涵盖所有领域和行业，能够满足不同企业和客户的需求；另一方面，综合性展会在展示行业整体状况的同时，逐渐从“大而全”向“大而专”转型。此外，在数字经济时代，德国会展业加速数字化转型，创新展会模式。根据德国国家旅游局、欧洲活动中心协会和德国会议促进局联合发布的《会议和活动晴雨表 2021—2022》报告，2021 年德国混合展会数量增长了 280%，线上虚拟展会增加了 120%。

需要指出的是，德国服务业的劳动力成本在不断攀升。据德国《商报》2024 年 4 月 25 日报道，德国联邦统计局称，2023 年德国劳动力成本达到每小时 41.30 欧元，而欧盟劳动力成本平均水平为每小时 31.8 欧元，可见德国劳

①② 参见：http://www.mofcom.gov.cn/article/tongjiziliao/sjtj/xyfzgbqk/202006/20200602978847.shtml。

动力成本比欧盟平均水平高约 30%。其中，德国服务业的劳动力成本为每小时 39.8 欧元，比欧盟服务业劳动力成本平均水平高约 25%。①

为破解服务业劳动力成本攀升的困境，德国在服务业发展过程中采取了一系列措施以提高服务业结构高级化水平。

第一，积极推动科技与服务业融合。德国依托先进科技，积极推动服务业结构高级化。首先，推动服务业向高端行业转型。以高新技术为核心逐步成为德国服务业发展的方向，服务业的优势领域从低端行业（如运输、酒店、餐饮等）转向金融、研发、信息等高端行业。其次，为科技服务业提供专业化支持。通过现代科技手段促进研发服务、科技咨询、科技金融等高新技术服务业发展，推动服务业内部结构向技术密集型行业转型。最后，催生新产业与新业态。科技与服务业融合主要是利用新一代信息技术，促进现代服务业与传统服务业、现代服务业内部、服务业与其他产业的融合，推动新产业、新业态、新模式的兴起，加快服务业内部结构层次提高。

第二，依托实体经济发展服务业。尽管德国经济结构中服务业已占据重要地位，但与其他发达国家的服务行业不同，德国的服务业并未脱离实体经济，反而与制造业形成了相互依托、共同促进的关系。另外，在海外市场，德国服务业在很大程度上依托于工业产品的出口，提供配套服务，如机械设备维修调试、汽车售后服务、设备操作人员培训、数字化服务等。这些服务伴随着设备出口，拉长并扩大了核心产品的价值链。因此，德国的服务业与实体经济既相互补充，又深度融合，成为推动服务业提质增效和升级的重要动力。

第三，大力发展数字服务贸易。德国是全球数字经济和数字贸易的重要国家，根据联合国贸易和发展会议（UNCTAD）公布的数据，2010～2021 年德国的数字化交付服务在出口规模和服务进口方面均保持稳定增长（见图 8.4）。数字服务贸易作为新型贸易形式，通过技术创新推动传统服务贸易行业的变革，加速了服务贸易的数字化进程。事实上，随着新一代信息技术场景、远程服务和非接触经济的迅速发展，以数字化、智能化、绿色化为特征的技术密集型服务业正在推动服务业内部结构向更高级的方向发展。

① 参见：http://munich.mofcom.gov.cn/article/jmxw/202405/20240503507669.shtml。

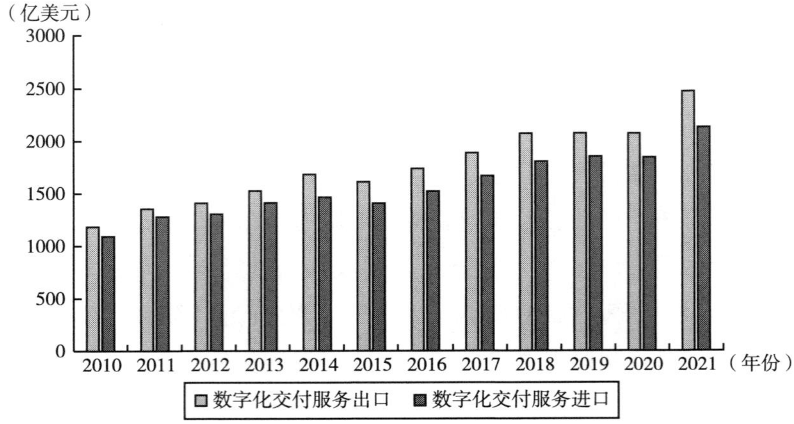

图 8.4　2010～2021 年德国数字化交付服务出口和进口

数据来源：根据联合国贸易和发展会议（UNCTAD）数据库的数据整理得到。

第四，建立健全法律法规。德国在服务业领域制定了大量法律法规，为各类服务行业的健康发展提供了完善的制度保障。例如，《电信法》通过对电信业的监管，促进公平竞争，确保在全国范围内提供适当且充足的服务。在保险业，有《保险合同法》和《保险机构监督法》，相关企业在受到法律约束的同时，也享有法律保护。此外，德国还建立了较为完善的服务贸易法律法规体系和管理机制，对于特殊情况的涉外服务贸易，有专门委员会进行管理，为服务贸易的快速发展提供了良好的内部市场环境。需要指出的是，服务贸易量的增加以及不断增长的竞争压力，使得在欧洲和国际层面建立服务业标准的需求不断增强。基于此，2008 年德国成立了 DIN 服务业标准化委员会（NADL）。服务标准化水平的提高不仅使企业在提供服务时更加高效，还让顾客能够根据显性的标准识别企业，选择最满意的服务。这说明，通过加强服务业标准化建设，有利于提升服务质量，推动服务业内部结构向更高层次升级。

第五，促进服务业中小企业发展。德国政府高度重视服务业中小企业的发展，在顶层设计上采取“政策扶持、法律保障、政府引导”的多元化规划格局，支持服务业中小企业成长壮大。具体来说，由德国政府牵头，联合各类服务机构、产学研基地、企业协会和学会，为中小企业提供从上游到下游各环节的服务。特别是各类协会和学会在技术指导、沟通协调等方面发挥了重要作用，避免了无效竞争，增强了中小企业的凝聚力。在资金支持方面，德国重点关注服务业的“科创—服务”驱动转换，发展以智力服务赋能创新链为特征的科技服务业。政府不仅向相关企业提供专项奖励基金，还对中小企业实施普惠性政策。在人才培养方面，德国强调专业化和系统化培训。校企合作是德国人才培养主要方式之一，学校和企业联合培养服务业专业人才。例如，由政府和企业共同承担的“双轨制”职业教育模式，为德国服务业培养了大量应用型和技术技能型人才，极大地促进了服务业的发展。综上所述，德国通过政策扶持、资金支持和人才培养等多方面的措施，有效推动了服务业中小企业的发展，为增强其在全球市场中的竞争力奠定了坚实基础。

8.5　英国

英国是世界上第六大经济体，欧洲第二大经济体，服务业是其国民经济的支柱产业。从图 8.5 可知，2000 ~ 2009 年英国服务业产值占 GDP 的比重不断上升，从 2000 年的 66.31% 上升到 2009 年的 71.84%。尽管 2010 年该指标有所下降，但 2010 ~ 2021 年该指标一直都在 70% 以上。由此可见，英国是一个服务业高度发达的国家。

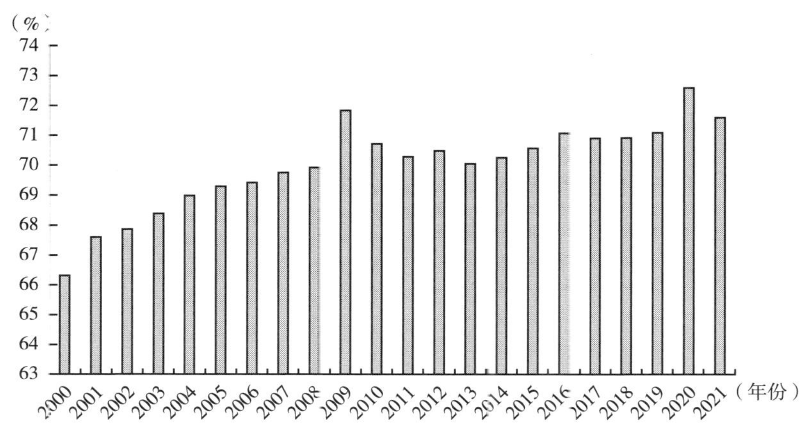

图 8.5　2000 ~ 2021 年英国服务业产值占 GDP 的比重

资料来源：根据世界银行公布的数据整理得到。

事实上，英国的金融业、创意产业、旅游业、信息通信产业优势明显，具体来说：

第一，金融业。金融业是英国经济的重要支柱之一。伦敦作为全球三大金融中心之一，是主要的外汇交易市场和全球最大的场外金融衍生品交易市场。当前，伦敦证券交易所是国际化水平最高的证券交易所，伦敦金属交易所是全球最大的金属交易所，伦敦石油交易所是欧洲领先的能源交易所。这些金融机构和市场共同构成了伦敦作为全球金融中心的坚实基础。2022 年，英国金融服务业为英国经济贡献了 2780 亿英镑产出，占英国经济总产出的 12%，并为英国创造了 1000 亿英镑的税收。2022 年，英国在吸引金融服务业外国直接投资方面位列欧洲第一，创造了近 1.5 万个就业岗位。①

第二，创意产业。英国是全球最早提出“创意产业”概念的国家，同时也是第一个通过政策推动创意产业发展的国家。自 1997 年以来，英国大力发展创意产业，政府成立专门部门制定相关政策来推动创意产业发展，并为确保产业政策的有效性和连贯性，强化了技术、信息以及资金保障。2003 年，伦敦发布了《伦敦：文化资本——市长文化战略草案》，强调要把伦敦建设成世界级的文化中心。经过多年发展，伦敦现已成为全球三大广告产业中心之一、全球三大电影制作中心之一和国际设计之都。2021 年，英国创意产业的经济产值达到 1090 亿英镑。②

第三，旅游业。英国是世界经济强国之一，同时也是现代旅游业的发源地。凭借丰富的文化底蕴、独特的自然景观和深厚的历史资源，英国具备优越的旅游发展条件，成为全球重要的旅游客源地和入境旅游目的地。需要强调的是，英国政府高度重视旅游业发展，并通过制定和实施中长期政策来推动这一领域的发展，包括《旅游行动方案》《英国旅游业发展战略》《旅游发展法》等。与此同时，英国政府不断增强旅游基础设施建设，满足游客对公共服务设施的需求，提高游客体验的满意度与舒适度。按照对 GDP 贡献额计算，2021 年英国旅游业在全球排名第九，占全球市场份额的 2.7%。③

第四，信息通信产业。在脱欧之前，英国是欧盟最大的信息通信产业基地，拥有约 37 万家企业。英国的电信业以高度发达、自由开放和迅速吸纳新

---

①②③ 参见：http：//ozs. mofcom. gov. cn/article/c/201905/20190502866379. shtml。

技术而著称。作为全球信息通信产业的创新中心之一，英国在芯片设计领域表现尤为突出，占据欧洲 40% 的市场份额和全球 10% 的芯片生产份额。英国的 ARM 公司是全球领先的半导体知识产权提供商，全球超过 95% 的智能手机和平板电脑使用 ARM 架构。此外，英国是首个通过人造卫星、电缆和地面广播提供数字电视服务的国家，也是最早采用无线局域网的国家。[①]

值得关注的是，当前英国服务业劳动力成本呈现上升趋势。从表 8.2 可知，从 2017 年第二季度到 2020 年第一季度，英国 14 个服务业细分行业的劳动力成本均有所上涨，这种状态既不利于企业持续保持竞争力，又在无形中增加了通胀压力。

在服务业劳动力成本不断攀升的背景下，英国服务业内部结构不断向高级化转型，并呈现出如下特征：

一是金融业在英国现代服务业中起主导作用，并带动其他相关产业发展。依托伦敦这一世界金融中心的国际影响力，英国金融业在各大国际金融市场中长期占据显著的市场份额。金融业不仅引领了大伦敦地区和英国经济的长期增长，还带动了英国教育产业的发展，特别是金融教育产业。卡斯商学院、伦敦商学院、华威大学商学院、伦敦政治经济学院、帝国理工学院商学院等院校培养了大量高素质金融人才。

此外，英国利用金融业的优势，不断加强对科技创新的引导和支持，建立科技与金融业之间的协同机制，推动科技产业的发展。根据创业服务咨询机构 Dealroom. co 和伦敦发展促进署 2021 年的研究，2020 年伦敦科技公司的风投融资水平再创新高。尽管面临全球疫情和英国脱欧的挑战，伦敦科技公司在 2020 年筹集资金 105 亿美元，远超 2017 年的 70 亿美元和 2018 年的 59 亿美元，并接近 2019 年创下的 107 亿美元的纪录。

二是伦敦都市圈服务业的空间分布呈现出等级化、功能化和多极化特征。伦敦既是英国的首都，也是欧洲最大的经济中心。为了优化服务业空间布局，伦敦在服务业规划时进行了大量的论证，并严格实施，逐步演变成等级化、功能化和多极化的都市圈空间布局模式。目前，伦敦都市圈以伦敦为核心，辐射带动周边大中小城市服务业升级，形成了服务业分工合作、联系密切的区域。

① 参见：http://ozs.mofcom.gov.cn/article/c/201905/20190502866379.shtml。

表 8.2　2017 年第二季度～2020 年第一季度英国季节性调整后服务业细分行业每小时劳动力成本　单位：英镑

时间	批发贸易	零售贸易和维修	交通与仓储	住宿和餐饮服务	信息与通信	金融和保险	房地产	专业、科学和技术	行政和支持服务	公共管理	教育	卫生和社会工作	艺术、娱乐和休闲	其他服务
2017 年第二季度	17.7	12.1	18.7	9.3	24.0	31.8	16.3	22.3	14.1	22.1	19.9	16.3	14.7	14.8
2017 年第三季度	17.5	12.0	18.8	9.5	24.5	32.3	16.4	22.8	14.1	22.6	20.4	16.5	14.8	14.8
2017 年第四季度	17.9	12.3	19.1	9.8	24.9	32.7	16.8	22.2	14.2	22.5	20.5	16.8	15.7	13.9
2018 年第一季度	17.9	12.6	18.5	10.2	25.0	33.0	17.6	22.3	14.2	22.2	20.3	16.9	15.8	14.9
2018 年第二季度	17.6	12.5	18.8	10.2	25.5	33.2	17.8	22.3	14.0	22.7	20.5	17.1	15.1	14.3
2018 年第三季度	18.0	12.6	19.0	9.9	25.7	33.2	17.2	22.2	14.3	22.9	20.5	17.2	15.1	14.4
2018 年第四季度	18.1	12.9	19.5	10.2	25.7	33.4	18.1	23.2	14.5	23.2	21.2	17.6	15.2	14.8
2019 年第一季度	18.2	12.8	19.6	10.0	26.2	33.6	18.2	23.2	14.9	23.3	21.1	17.7	15.3	14.6
2019 年第二季度	18.3	13.0	19.5	10.2	26.3	34.0	18.1	23.5	15.1	23.6	21.0	17.7	15.1	14.8
2019 年第三季度	18.7	13.1	19.3	10.2	26.1	34.5	18.8	23.9	14.9	23.8	21.1	17.8	14.7	14.8
2019 年第四季度	19.2	13.0	19.3	10.6	26.2	34.3	19.4	24.2	14.9	24.3	21.7	17.9	15.2	15.0
2020 年第一季度	19.6	13.5	20.2	11.4	28.1	35.2	19.3	25.1	15.6	24.8	23.0	18.3	16.0	16.4

资料来源：根据英国统计局公布的数据整理得到，参见 https：//www. ons. gov. uk。

比如，以金融业和创意产业为主的伦敦，以旅游业为主的利物浦，以教育为主的牛津和剑桥等，形成了一批特色鲜明、优势明显的服务行业。

三是推动文旅产业融合。英国凭借其文化大国和旅游大国的双重优势，特别注重将历史遗产、当代文化和创意产业与旅游发展紧密结合。这样既能增强旅游吸引力，又能实现文化保护与传播。此外，创意产业目前已成为伦敦仅次于金融服务业的第二大产业。2023 年 11 月，大伦敦政府发布的《伦敦创意产业——行业深度剖析》报告显示，2021 年伦敦创意产业提供了 795500 个工作岗位，占伦敦工作岗位总数的 14.7%。为推动文旅产业融合，英国政府采取了一系列措施，如开发"动漫 + 旅游"等新型业态产品，推行田园、复古和生态环保生活方式的乡村旅游，举办各类文旅推介活动等。

四是加快产业数字化转型。自 2008 年全球金融危机以来，英国意识到数字经济可能是未来大国竞争的关键领域，也是英国经济发展的重要机会。英国是欧洲数字经济的领军者，诞生了"人工智能之父"艾伦·图灵和"互联网之父"蒂姆·伯纳斯·李。根据中国信息通信研究院发布的《全球数字经济白皮书（2022 年）》，截至 2021 年，英国数字经济占 GDP 的比重超过 60%，显示出其在数字经济领域的领先地位。

为加快产业数字化转型并突破劳动力成本上升的"瓶颈"，英国加大了对数字技能人才的引进和培养力度。首先，强化技工院校数字技能类人才的培养。结合数字经济发展的实际情况，积极引导技工院校加大对数字技能人才的培养，发布并动态调整数字技能教育相关专业目录，优化教学内容。其次，加强数字技能职业培训。推动地方政府、企业和第三方机构开展相关培训，增强专业知识与技能的培训力度，加快数字技能技术成果商业化进程，提高人才供给的数量与质量。最后，创设具有国际竞争力的数字技能人才吸引环境。加快建立数字技能人才平台，提高福利待遇，集聚高端数字人才。毫无疑问，数字技能人才是服务业数字化发展的核心要素，英国通过系统性地培育和吸引数字技能人才，必然会为服务业的数字化转型和高水平发展提供了强大的人才支撑和智力支持。

五是保持服务贸易顺差。从图 8.6 可知，2005 ~ 2021 年英国出口大于进口，服务贸易顺差明显。其中，2005 ~ 2008 年英国服务贸易顺差额不断提高，2009 年有所下降，但 2010 年开始上升，直到 2014 年，2015 ~ 2019 年服务贸易顺差额比较平稳，但2020年突然上升，并在2021年达到最高值。英国服务贸易之所以保持顺差，一是因为金融是服务贸易顺差的主要来源，这与英国金融市场规模庞大、国际金融产品丰富以及金融机构国际化程度高有关；二是因为英国是世界信息通信产业的创新中心之一，也是欧洲最大的信息和通信技术市场，这使得电信、计算机和信息服务贸易顺差突出；三是因为其他商业服务贸易顺差较大，这离不开英国发达的商业服务业。

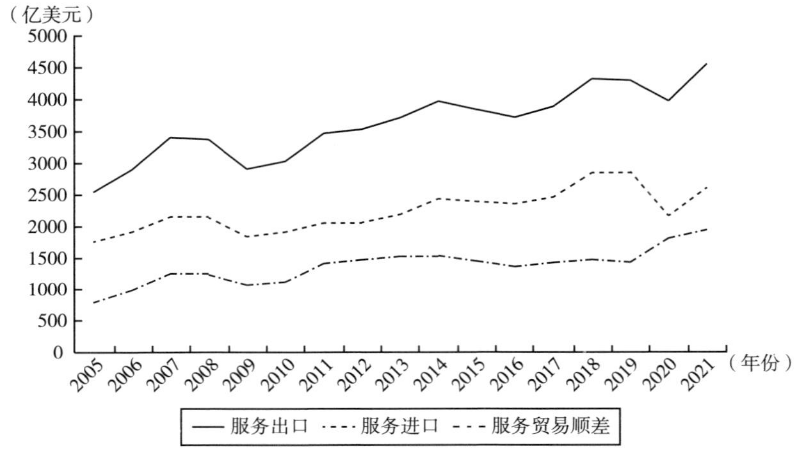

图8.6 2005~2021年英国服务贸易

资料来源：根据联合国贸易和发展会议（UNCTAD）数据库的数据整理得到。

8.6 小结

通过对美国、新加坡、日本、德国和英国服务业结构高级化的经验分析可知：

第一，美国以发展知识密集型服务业为服务业结构高级化转型的关键方向，以中心城市为核心形成了多个知识型服务业集聚区，集中了大量的科技服务业、金融业、信息与通信服务业。

需要指出的是，美国为了促进知识型服务业发展和服务业结构高级化也采取了强力措施，包括以高工资吸引高技能人才集聚，优化服务业的行业分工和资源配置，提供政策支持等。

第二，新加坡的现代服务业发展受其独特的地理区位以及全球经济局势等因素的影响，主要经历了四个阶段：一是 20 世纪 50 年代末至 60 年代末的以单一转口贸易为主的传统服务经济时期；二是 20 世纪 70 年代至 80 年代中期，服务业发展依赖制造业、退居次要地位；三是 20 世纪 80 年代中后期至 90 年代末，制造业向现代服务业经济的转型和升级；四是进入 21 世纪以来，现代服务业快速发展。

另外，2022 年新加坡制定《新加坡经济 2030 愿景》，强调通过抓住可持续经济和数字化趋势，促进服务业发展和提高服务业内部层次。

第三，日本服务业的发展主要经历了缓慢发展阶段（1920 ~ 1970 年初）、加速发展阶段（1970 ~ 1990 年）和交替起伏演进阶段（1991 年至今）。近年来，日本通过生产性服务业与先进制造业的交融、合作、渗透，扩大服务市场需求，实现服务业价值链的延伸和发展，促进服务业结构高级化。

此外，日本的生产性服务业内部正在进行产业升级，通过创造性破坏过程，新产业和新业态不断涌现，将推动服务业结构向更高级别的转型，实现服务业结构高级化。

第四，德国服务业发展迅速，尤其是保险业、交通运输业、会展业较为发达。为了促进服务业结构高级化水平，德国积极推动科技与服务业融合，包括促进服务业向高端行业转型，为科技服务业提供专业化科技服务，催生新产业与新业态；依托实体经济发展服务业，包括国内市场和海外市场；大力发展数字服务贸易，包括数字化交付服务出口和进口；建立健全法律法规，包括各类服务行业、服务贸易与服务业标准；促进服务业中小企业发展，包括政策扶持、资金支持和人才培养。

第五，英国是欧洲第二大经济体，服务业是其国民经济的支柱产业，其中，金融业、信息通信产业、旅游业等优势明显。从 2017 年第二季度到 2020 年第一季度的数据可知，英国 14 个服务业细分行业的劳动力成本均有所上涨。为破解服务业劳动力成本上涨带来的困境，英国服务业内部结构不断转型，并呈现五大明显特征：金融业在英国现代服务业中起主导作用，并带动其他相关产业发展；伦敦都市圈服务业的空间分布呈现出等级化、功能化和多极化特征；推动文旅产业融合；加快产业数字化转型；保持服务贸易顺差。

第9章 提升服务业结构高级化水平的对策建议

9.1 工资上涨视角下提升服务业结构高级化水平的对策建议

9.1.1 推动服务业创新发展

（1）发展智能化现代服务业

智能化现代服务业是一种创新型服务业态，通过新一代信息技术与现代服务业的融合，向客户提供网络化、个性化、绿色化服务。这种新模式体现了服务业发展的趋势，其内容既包括利用信息技术改造提升传统服务业，也包括依托信息技术发展催生新兴服务业，不但能培育服务业的比较优势，而且能为服务业结构高级化提供新路径。为此，在服务业工资上升的背景下，需要加快推动物联网、通信网络、大数据等新一代信息技术深度应用于服务业，利用信息技术对服务业内部结构进行调整，为服务业创新发展和服务业结构高级化提供新动能。

（2）促进服务业中小企业技术创新

首先，加大对服务业中小企业创新发展的财政支持。优化财政专项资金支持结构、提升财政资金使用效率、创新财政资金支持模式，通过加大财政资金支持力度破解服务业工资上升对中小企业创新资金的制约。其次，鼓励金融资本市场向服务业中小企业倾斜。积极建立多层次的市场体系、适当降低中小企业发行上市门槛、开展贷款风险补偿试点，努力拓宽服务业中小企业的融资渠道，减缓劳动力工资上升给服务业中小企业带来的冲击。最后，引导服务业中小企业加大研发投入。服务业工资上升虽然给服务业中小企业创新发展带来了挑战，但同时也带来了机遇。因此，相关部门应积极引导中小企业降本增效、创新生产经营模式、激发创新创业活力，鼓励中小企业技术创新和成果转化，支持服务业结构高级化。

（3）深入实施服务业创新战略

结合当前中国工资攀升的背景和服务业运行的实际情况，促进服务业从要素驱动转为创新驱动。在服务业资源配置方面，要牢牢把握科技创新是服务业发展的核心，合理配置科技资源，加大自主创新力度，努力推动服务业创新突破。在服务业内部组织体系方面，厘清不同类型服务业的功能定位，明确生产性服务业和生活性服务业的创新动力，解决生产性服务业发展滞后和生活性服务业层次不高的困境。在服务业区域布局方面，打造区域创新高地，集聚一批功能完善的科技服务业区域，围绕服务业的创新需求，发挥科技创新在区域经济发展中的关键作用。在服务业创新战略方面，积极推动服务理念、技术、业态、模式的创新，开展体验营销、定制营销，增强产业链与创新链的互动发展，优化服务业内部结构，提升服务业整体效益和综合竞争力。

9.1.2 调整服务业供给结构

扩大服务业有效供给，推动服务业转型升级，既是实现服务业高质量发展的重大任务，也是应对服务业劳动力工资上升的关键所在。为此，中国应加快推进服务业供给侧结构性改革，通过创新供给带动需求扩大，提高服务业供给结构对需求变化的适应性，不断提升服务业供给质量和效率，增强服务业供需匹配度。

（1）扩大社会服务有效供给，提升居民服务质量

当前服务业劳动力工资的日益上涨使得服务业消费结构逐渐向高端化发展，绿色服务、智能服务、休闲服务已成为用户消费的热点。消费结构决定供给结构，供给的出发点和根本目的是消费，所以中国应全方位优化服务业有效供给。根据当前服务业领域尤其是医疗、教育、家政服务业等现代服务部门有效供给不足的情况，应拓展服务业开放的广度和深度。此外，积极培育服务业新业态，构建“互联网+”服务新模式，加快现代服务业与互联网的交叉融

合，打造多层次智慧服务体系，提高供给体系的质量和效率。同时，发挥经营主体多样化优势，改善市场主体活力，鼓励各类市场主体开发新产品，繁荣服务产品市场，满足居民对服务产品的需求。

（2）着力推进服务业体制机制改革

中国服务业有效供给不足与其体制机制不健全有关，因此，要提升服务业的有效供给，就必须改革与突破服务业既有的体制机制，构建更为健康规范的制度环境。具体来说，优化服务业市场监管体系，营造有利于服务业发展的政策环境，最大限度激发服务业市场活力，为形成有效供给体系创造更优的生态环境；遵循市场经济规律，打通要素流动和资源再配置的通道，压制低效供给、创造高效供给、提高全要素生产率，实现服务业更高水平的供需平衡，增强服务业转型升级的内生动力；促进政府各部门实行分类指导，结合服务业不同行业的特征以及各类企业的实际情况，实现各行业和企业协调发展，形成结构合理、竞争有序的服务业市场格局。

9.1.3 加快服务业人力资本积累

增加高素质劳动力是服务业转型升级的核心要素，中国拥有良好的人口基础，但服务业高层次人才依旧相对匮乏。已有研究表明，中高等教育对服务业转型升级的正向影响效应明显。因此，在服务业劳动力工资上升且不可逆转的情况下，中国需要加大人才培养和引进力度，建设一支适合中国服务业发展的人才队伍。

（1）加快培育适合服务业发展的各类人才

一是要夯实高等教育，以提高专业水平和创新能力为核心，转变人才培养方式，重点培养高层次人才。二是发展职业教育，推动相关部门与职校搭建对接平台，深化产教融合，加快培养服务业领域实用性、技能型人才。三是加强继续教育培训，及时对劳动者进行知识更新、补充和拓展，改进劳动者的技能，提高劳动者的综合素质和能力，实现劳动者就业与知识技能结构的动态匹配。

（2）大力引进服务业高端人才

一是探索灵活多样的引才方式，制定服务业发展人才需求规划，打造多层次的引才工程，从增量上扩大服务业高端人才规模。二是完善引才政策，围绕中国服务业转型升级的实际情况，打破制度障碍，完善职称评定、薪酬制度、社会保障等配套政策体系，促进服务业各领域尤其是新兴服务行业的人才自由流动，优化人力资源结构。三是搭建服务业高素质人才创新发展平台，改善人才发展环境，激活人才创新创造活力，建立各地区、各行业、各企业的人才交流通道，增强高端人才集聚度和配套供给服务能力，构筑中国服务业转型升级的人才高地。

9.1.4 提高现代服务业劳动生产率

当服务业劳动力工资上涨过快，无法被劳动生产率的提高所抵消时，就会出现“鲍莫尔成本病”。因此，要破解“鲍莫尔成本病”，关键在于提高服务业特别是现代服务业的劳动生产率。1967 年“鲍莫尔成本病”被提出时，其假设是服务业的劳动生产率低于制造业的劳动生产率，但服务业发展至今，服务业尤其是现代服务业已不再是劳动生产率偏低的产业。从理论上来说，若服务业劳动生产率高于其他部门，则劳动力向服务业转移并不会导致服务业劳动生产率下降。研究表明，现代服务业依靠高智力、高技术、低消耗等优势，其劳动生产率总体上高于制造业。为此，应努力提高现代服务业劳动生产率，这既能破解劳动力工资上升的难题，又能增强服务业的竞争优势。

具体来说，首先，细化各部门的分工合作。顺应社会分工细化的趋势，促进现代服务部门进一步发挥自身优势，提升现代服务业内部各行业的劳动生产率，推动现代服务业劳动生产率提高，促进服务业功能升级和结构升级。其次，加大现代服务业对外开放。通过对外开放，引进先进的技术，提升现代服务业的层次和质量。特别是，中国要推进服务贸易和跨境投资的自由化和便利化，丰富开放内涵，扩大金融保险、教育医疗、研发咨询等领域的对外开放度，逐步提高现代服务业劳动生产率。最后，降低现代服务业制度性交易壁垒。服务业发展面临较多制度壁垒，对于现代服务业企业而言，制度约束是难以主动化解的。因此，为激发企业的生产动力、提升存量资源配置效率、提高全要素生产率对劳动生产率的贡献，中国需要加快转变政府职能，大力简政、减税、减费，更加注重市场化，营造服务业公平规范的发展环境。

9.2 地区工资差异视角下提升服务业结构高级化水平的对策建议

9.2.1 建立劳动力要素自由流动的市场机制

当中西部等欠发达地区的劳动力向发达地区转移，且流出量达到一定阈值时，该地区劳动力供给减少，此时需求相对稳定，劳动边际报酬递增；但随着劳动力的流入，发达地区劳动力供需打破平衡，劳动力的供给超过需求，使得劳动边际报酬递减。通过以上研究我们不难得出，基于劳动力要素自由流动市场机制的建立，当劳动力在地区之间的流动到达一定阶段，会出现如下三种现象：第一，收入分配逐渐合理有序，地区人均收入差异越来越小，劳动边际报酬逐渐趋同甚至完全一致。第二，人才回流或西进的现象会在东部地区人口集中达到一定程度时发生，并推动地区间的产业转移。第三，基于东部地区部分产业的转移，劳动力也会呈现逆向流动特点。

这说明，要从总体层面促进中国服务业结构高级化，需要推动劳动力要素在各区域和服务业之间最大限度地全方位自由流动，挖掘劳动要素潜力，以优化劳动要素的配置和提高效率。为此，服务业应加快建立统一规范的人力资源市场体系，推进数字化平台建设，促进人力资源实现跨地区的在线发布和交易，为人才提供更大范围的可流动选择。同时，还需要稳妥推进养老保险和医疗保险制度改革，逐步实现不同地区和类型保险制度的接轨，形成统一公平高效的社会保障框架，以支持劳动力和人才的自由流动。

9.2.2 规范收入分配秩序

大量研究表明，“中等收入陷阱”与收入差距有着密切关系，在20世纪七八十年代，跻身高收入之列国家的基尼系数平均值为0.33，与此同时，长期陷入中等收入陷阱国家的收入差距巨大，其基尼系数平均值高达0.47。这种巨大的收入差距意味着社会中有相当大比例的人群处于低收入和贫困状态，导致个体缺乏自我提升的机会，最终导致经济在转型升级过程中受制于人力资本短缺和创新不足，从而使经济增长动力不足。当前，中国已正式进入中等收入国家行列，全面建成小康社会已取得决定性成就，正处于跨越“中等收入陷阱”的关键时期。因此，持续关注和规范收入分配秩序，进一步缩小地区收入差异，具有重要意义。

基于此，中国应该规范收入分配秩序，缩小地区收入差距。从服务业角度来说，需要完善收入分配调控体制机制和政策体系，增加服务业低收入者的收入，扩大服务业中等收入者比重，努力缩小服务业地区收入差距，尤其是工资差异，逐步形成橄榄型分配格局。

9.2.3 加大对中西部地区基础设施建设的支持力度

研究表明，提升服务业结构高级化需要充分的基础设施支持。因此，一方面，应当增加对中西部地区的基础设施投资，提高基础设施的通达性、畅通性和均等化水平。通过建设综合立体的交通网络，实现不同地区之间的互联互通，缩短时空距离，打破地理障碍并消除行政壁垒，方便要素在地区之间的流动，增强中西部地区服务业发展的内生动力。另一方面，中西部地区应根据本地的实际发展情况，合理规划布局公路、铁路交通，提高路网密度；推动邮政和快递处理中心与铁路、公路、航空枢纽的衔接；加强城市公共交通、供水供电供气地下管网和防洪防涝等设施建设。通过优化基础设施投资，降低服务业生产工资，提高服务业效率，提升服务业基础能力和服务业产业链供应链现代化水平，实现服务业质量的有效提升和合理增长。

9.3 外商直接投资视角下提升服务业结构高级化水平的对策建议

9.3.1 加快政府职能转变

第一，建立职责明确、依法行政的政府治理体系，深化“放管服”改革，清理废除妨碍统一市场和公平竞争的各种规定和做法，进一步减少政府对要素的直接配置。推进简政放权、优化服务改革，全面实行政府权责清单制度和市场准入负面清单制度，支持服务业企业更好地参与市场合作和竞争，加强事中事后监管，对新产业新业态实行包容审慎监管。持续优化营商环境，坚持市场化、法治化、国际化的原则，以市场主体需求为导向，以深刻转变政府职能为核心，创新体制机制、强化协同联动、完善法治保障，对标国际先进水平，为各类市场主体投资兴业营造稳定、公平、透明、可预期的良好环境。

第二，以保护产权、维护契约、统一市场、平等交换、公平竞争和有效监管为基本导向，不断完善社会主义市场经济法规体系和制度体系。修订《反垄断法》，加大反垄断和反不正当竞争的执法和司法力度，健全公平竞争审查机制，推动社会信用法律建设，维护公平竞争的市场环境。认真贯彻实施《民法典》和相关法律法规，依法平等保护国有、民营和外资等各种所有制企业的产权和自主经营权，完善各类市场主体在法治环境下进行公平竞争的条件。

第三，优化产业政策和完善区域政策框架。推动产业政策向普惠化和功能性的方向转变，加强对技术创新和产业结构升级的支持，同时加强产业政策和竞争政策的协同配合。进一步强化竞争政策的基础地位，打破行政性垄断，防止市场垄断的出现。

9.3.2　合理有效利用外资

首先，在服务业产业升级的不同阶段，需要根据其发展需求巧妙引入外资。例如，对于新兴现代服务业，在初期和成长阶段，需要大量引进外资推动其进一步发展；对于成熟和衰退阶段的服务业，过度引进外资可能降低效率，甚至导致其提前退出市场，故需要限制引进外资的规模。

其次，吸引高质量外资。在中国服务业产业升级过程中，外资企业通过股票、债券等方式投资某些服务业。然而，随着时间推移，资金风险的不确定性会逐渐增加，需要谨慎考虑引入外资，并有效地利用低风险、高质量的外资，以助力服务业产业升级。

最后，调整并制定正确的引入外资战略。外资引入效果会因为企业引入方式和引入时间的不同而存在一定的差异，各企业应根据实际情况制定合理的引入外资策略，以提高服务业利用外资的效率，推动服务业内部结构向高端化转型升级。

9.3.3 引导外资投向现代服务业

首先，利用外资推动生产性服务业向专业化和价值链高端延伸。生产性服务业的发展水平决定了服务业结构、生产规模以及生产效率。充分利用外资的技术溢出效应，提高生产性服务业的专业化水平，加快发展生产性服务业的着重点，并带动服务业高级化水平的提升。

其次，利用外资推动生活性服务业向高品质延伸。利用外资的先进技术、管理经验等拓展新型服务消费、提高服务品质、拓宽经营范围，同时聚焦居民消费升级需要、扩大服务业有效供给，在高水平开放中推动生活性服务业向高品质延伸。

最后，利用外资构建优质高效的服务业新体系。充分发挥外资的积极效应，整合、优化和利用服务业资源，提升服务业智能化、规模化、标准化、品牌化水平，充分激发服务业企业创新创造潜能，以高水平改革开放促进服务业内部结构高端化转型。

9.3.4 协调外资区域布局

利用好外资对促进区域协调发展、加快形成优势互补高质量发展的区域经济布局有积极作用。

一方面，支持中西部地区承接外资服务业转移。东部地区生产要素（如劳动力和土地）的价格上涨，迫使一些夕阳产业和劳动密集型服务业寻找新的发展区域和市场。因此，国家相关职能部门可根据外资产业转移新趋势，加大对中西部地区承接外资服务业转移的支持力度，加强对中西部地区服务业外商直接投资的宏观调控力度，进而加速中西部地区服务业发展，推动中西部地区服务业整体效率的提高，以更合理、更高效的方式调整其服务业内部结构。

另一方面，合理引导服务业外商直接投资在区域间的流动，推动区域间服务业产业链的高效整合。近年来，中国东部地区经济迅速增长，一些知识密集型新兴服务业，如科学研究和技术服务业、金融业，蓬勃兴起。这些服务业已进入新的升级和结构调整阶段，需要重新划定市场。而中西部地区拥有丰富的能源、矿产资源，但在资金和技术方面存在一定限制。因此，根据互惠互利和优势互补的原则，东西部地区应合理地引导服务业外商投资在地区间和内部行业的分布。通过促进地区服务业外商直接投资的协同合作，不仅可以实现中国区域服务业的均衡发展，还能有效推动服务业内部结构向高层次攀升。

结　　语

改革开放以来，中国服务业快速发展，总量规模日益壮大，服务业逐步成长为国民经济第一大产业。然而，当前中国服务业内部结构仍以传统服务业为主，高附加值、高技术、高集约的现代服务业与新兴服务业发展不充分，服务业结构层次偏低。目前，由于中国各地区的服务业薪酬体制、服务业地方保护、服务业生产率等方面不尽相同，服务业地区工资差异明显。服务业地区工资差异一方面可能会扩大收入分配差距，挤压服务企业的生产经营利润，增加工资负担；另一方面则可以通过资源配置规律、消费需求带动、企业工资推动和劳动者素质支撑等途径引导服务业结构高级化调整。此外，伴随着中国服务业的转型升级，越来越多的跨国企业开始增加对服务业领域的投资。基于此，本书以服务业内部结构层次偏低的现实问题为导向，全面系统地研究服务业地区工资差异和服务业外商直接投资对服务业结构高级化的影响，并提出提升中国服务业结构高级化水平的具体对策。

第一，界定相关概念，包括工资、工资差距、外商直接投资、服务业及其分类、服务业结构高级化；厘清相关理论基础，主要包括工资相关的经典理论、国际直接投资理论、国际直接投资在发展中国家适用性理论、产业结构高级化的相关理论；解释服务业工资影响服务业结构高级化的理论机制和服务业外商直接投资影响服务业结构高级化的理论机制。

第二，探究中国服务业地区工资差异和服务业外商直接投资的时空特征。中国服务业地区工资差异总体呈现出“东高西低”的特点，从中国服务业地区工资差距的整体态势来看，受中国区域发展政策的影响，中国东部、中部和西部地区工资差异处于不断变化的状态。另外，中国服务业外商直接投资在波动中不断上升，服务业投资在整体格局中的比重在 2011 年也首次超越第二产业投资额。从区域流向来看，以“四大板块”为划分依据，服务业外商直接投资规模呈现出“东多西少”的特征。

第三，分析中国服务业结构高级化的发展现状。中国服务业发展经历了初步探索阶段、探索恢复阶段、启动发展阶段、快速发展阶段、赶超发展阶段和超越发展阶段。中国服务业结构高级化取得了一些成就，包括高端服务业能级提升，数字经济引领服务业新发展，绿色服务业全产业链持续扩大，公共服务供给日益完善。同时，中国服务业结构高级化也存在不足，包括传统服务业优势依然突出，生产性服务业发展不成熟，服务业高级化地区差异明显。从服务业工资视角来看，服务业结构高级化面临的困境主要有服务业创新能力不足，服务业供给结构性失衡，人力资本水平与服务业需求不匹配，高劳动力工资与低生产率矛盾突出。从服务业外商直接投资视角来看，服务业结构高级化面临的困境主要包括资金投向区域不平衡，技术溢出存在障碍，就业挤出效应明显。

第四，实证检验服务业地区工资差异对服务业结构高级化的影响。全国的回归结果表明，服务业地区工资差异的一次项系数显著为正，且平方项系数显著为负，即服务业地区工资差异与服务业结构高级化存在显著的倒“U”形关系，这一结论与理论预期相一致。分地区的实证研究表明，东部地区服务业地区工资差异对服务业结构高级化的影响不显著，但中西部地区服务业地区工资差异与服务业结构高级化表现为显著的非线性倒“U”形关系。分行业的实证研究表明，无论是何种类型的服务业，劳动力工资地区差异对服务业结构高级化的影响均显著。不同之处在于，公共服务业地区工资差异的影响效应呈“U”形，而生活性服务业和生产性服务业地区工资差异的影响效应均呈倒“U”形。

第五，实证检验服务业外商直接投资对服务业结构高级化的影响。基准检验结果表明，服务业外商直接投资对服务业结构高级化具有显著的正向影响。面板分位数检验结果表明，服务业结构高级化程度低中的地区能从服务业外商直接投资增多中获得收益。分区域的面板分位数检验结果显示，服务业外商直接投资对服务业结构高级化的影响集中在东部地区，而非中西部地区；而且，在东部地区，服务业外商直接投资对其内部结构高级化影响的边际效用呈递减规律。

第六，实证检验服务业地区工资差异、服务业外商直接投资对其内部结构高级化的影响。基准检验结果表明，除了服务业地区工资差异对其内部结构高级化的影响呈现出先扬后抑的倒“U”形特征、服务业外商直接投资对其内部结构高级化的影响表现为积极效应之外，服务业外商直接投资对服务业地区工资差异与其内部结构高级化的关系具有负向调节作用。分行业异质性检验表明，服务业外商直接投资对服务业地区工资差异与其内部结构高级化的倒“U”形关系负向调节作用集中在生产性服务业和生活性服务业。面板分位数检验显示，服务业外商直接投资对服务业地区工资差异与其内部结构高级化的倒“U”形关系负向调节作用主要分布于中分位点。

第七，比较分析美国、新加坡、日本、德国和英国的服务业结构高级化的特征。美国服务业结构高级化的关键方向是发展知识密集型服务业，美国为了促进知识型服务业发展和服务业结构高级化采取强力措施，包括以高工资吸引高技能人才集聚、优化服务业的行业分工和资源配置，以及提供政策支持。新加坡现代服务业的发展大致经历了四个阶段：以单一转口贸易为主的传统服务经济时期（20 世纪 50 年代末至 60 年代末）、服务业经济发展退居次要地位时期（20 世纪 70 年代至 80 年代中期）、制造业向现代服务业经济转型时期（20 世纪 80 年代中后期至 90 年代末）、现代服务业快速发展时期（进入 21 世纪以来）。2022 年，新加坡制定《新加坡经济 2030 愿景》，强调通过抓住可持续经济和数字化趋势促进服务业发展和提高服务业内部层次。日本服务业的发展主要经历了缓慢发展阶段（1920～1970 年初）、加速发展阶段（1970～1990 年）和交替起伏演进阶段（1991 年至今）。近年来，日本通过大力发展生产性服务业推动服务业转型升级走向高端，既加大生产性服务业与先进制造业的交融、合作、渗透，又优化生产性服务业内部结构，进而推动服务业发展逐渐从低级化向高级化转变。

德国在服务业发展过程中采取了一系列措施以提高服务业结构高级化水平，包括积极推动科技与服务业融合，依托实体经济发展服务业，大力发展数字服务贸易，建立健全法律法规，以及促进服务业中小企业发展。英国经济结构倚重服务业，随着脱欧延宕、政府更迭，英国服务业内部结构不断转型，并呈现出五大明显特征：金融业在英国现代服务业中起主导作用，并带动其他相关产业发展，伦敦都市圈服务业的空间分布呈现出等级化、功能化和多极化特征，推动文旅产业融合，加快产业数字化转型，保持服务贸易顺差。

第八，提出提高服务业结构高级化水平的对策建议。根据前面的理论分析、现状分析和实证检验，分别从工资上升视角、地区工资差异视角和外商直接投资视角提出了促进服务业结构高级化的对策建议。具体来说，从工资上升视角来看，应推动服务业创新发展，调整服务业供给结构，加快服务业人力资本积累，提高现代服务业劳动生产率。从地区工资差异视角来看，应建立劳动力要素自由流动的市场机制，规范收入分配秩序，加大对中西部地区基础设施建设的支持力度。从外商直接投资视角来看，应加快政府职能转变，合理有效利用外资，引导外资投向现代服务业，协调外资区域布局。

后续的研究展望

本书突出了服务业地区工资差异、服务业外商直接投资与服务业结构高级化的交叉契合研究，从要素供给侧视角寻找新常态下服务业结构高级化新的动力源，实现了研究思路上的创新。同时，从时间维度、空间维度和行业维度多层次探究服务业地区工资差异、服务业外商直接投资与服务业结构高级化的具体效应。但遗憾的是，本书未考虑制度工资、信息工资、企业家精神工资等。这主要是由于在研究过程中以省级面板数据为研究样本，依据数据的可获得性，难以对这些要素工资进行量化。此外，本书在分析服务业结构高级化时，未考虑服务业如何向数字化、网络化及智能化转型。这些不足均是以后需要深入研究的问题。

参考文献

[1] 陈博．市场潜力与地区工资差异：来自中国地级面板数据的实证分析［J］．中国软科学，2012（7）：126－133．

[2] 陈瑞萍．基于创新驱动视角的我国高端服务业集聚效应研究［J］．商业经济研究，2017（17）：163－165．

[3] 程大中．加快推进生产性服务业高质量发展——基于经济循环优化与价值地位提升视角［J］．人民论坛·学术前沿，2021（5）：28－40．

[4] 程中华，刘军．产业集聚、市场潜能与地区工资差距［J］．财经论丛，2015（3）：10－16．

[5] 陈雅琳，梁新潮．中国区域工资水平与经济发展匹配性的实证研究——基于30个省区的空间面板数据［J］．福建论坛（人文社会科学版），2016（12）：41－47．

[6] 陈勇，柏喆．技能偏向型技术进步、劳动者集聚效应与地区工资差距扩大［J］．中国工业经济，2018（9）：79－97．

[7] 陈艳莹，董旭．服务业与制造业对华FDI区位选择的差异——基于存量调整模型的实证研究［J］．世界经济研究，2013（3）：53－58，88－89．

[8] 曹祯庭．地区异质性对我国省际FDI空间竞争的非对称效应研究［J］．经济问题，2022（7）：102－111．

[9] 储德银，姜春娜．财政透明与FDI区位选择［J］．财经问题研究，2021（7）：84－93．

[10] 曹聪丽，陈宪．生产性服务业发展模式、结构调整与城市经济增长——基于动态空间杜宾模型的实证研究［J］．管理评论，2019（1）：15－26，61．

[11] 方毅，卫剑，陈煜之．基于收入结构视角的我国城乡收入差距影响

因素研究［J］. 浙江社会科学，2021（7）：54－65，157.

［12］范艳丽，张爱国，张贤付．产业结构高度化水平的定量测定［J］. 安徽师范大学学报（自然科学版），2008（1）：79－83.

［13］冯乐乐．中国产业结构优化的测度与区域比较研究［D］. 沈阳：辽宁大学，2019.

［14］付凌晖．我国产业结构高级化与经济增长关系的实证研究［J］. 统计研究，2010（8）：79－81.

［15］傅强，周克红．利用外资与我国产业结构调整的相关分析与实证检验［J］. 世界经济研究，2005（8）：64－72.

［16］高连水．什么因素在多大程度上影响了居民地区收入差距水平？——基于1987～2005年省际面板数据的分析［J］. 数量经济技术经济研究，2011，28（1）：130－139.

［17］高华兵，施永，刘晓英．江西省各地市产业转型升级水平测度的对比分析［J］. 对外经贸，2020（11）：68－72.

［18］高远东，陈迅．FDI对中国区域产业结构调整作用的差异化分析——基于东、中、西部面板数据的实证研究［J］. 软科学，2010，24（9）：62－66.

［19］郭娟娟，冼国明，田朔．房价上涨是否促进中国制造业企业OFDI［J］. 世界经济，2020，43（12）：126－150.

［20］谷媛媛，邱斌．国际人才流入是否影响我国FDI区位选择——省级层面数据的实证分析［J］. 科技进步与对策，2017，34（20）：30－36.

［21］顾伟男，申玉铭，施美辰．中国35个中心城市服务业发展特征及影响因素分析［J］. 城市发展研究，2017（9）：33－41.

［22］何雄浪，杨霞．市场开放度、劳动生产率与我国地区工资差异［J］. 价格月刊，2012（4）：80－84.

［23］何茜．中国城乡居民收入差距来源的结构分解［J］. 统计与决策，2020，36（20）：76－79.

［24］黄先海，虞柳明，崔雪．长三角共同富裕新实践：跨境电商综试区建设对城乡收入差距的影响［J］. 浙江社会科学，2022（11）：20－31，155－156.

［25］黄婷婷．互联网平台中的现代服务业业态创新——基于网络生态视角［D］．南京：南京财经大学，2015.

［26］霍鹏，魏修建，尚珂．中国知识密集型服务业集聚现状及其影响因素的研究——基于省级层面的视角［J］．经济问题探索，2018（7）：123－129.

［27］胡晓鹏．嵌入互联网的现代服务业结构升级研究［J］．企业经济，2020，39（11）：5－12，2.

［28］胡鞍钢，周绍杰，鄢一龙．开启第二个百年奋斗目标（二）——全面建成小康社会［J］．经济导刊，2020（12）：10－19.

［29］何德旭．中国服务业发展报告 No. 6：加快发展生产性服务业［M］．北京：社会科学文献出版社，2008.

［30］金银亮．中国劳动力省际工资差异程度为什么降低了？——基于省级面板数据的实证分析［J］．南京财经大学学报，2017（4）：18－26，58.

［31］姜巍，陈万灵．东盟基础设施发展与 FDI 流入的区位选择：机理与实证［J］．经济问题探索，2016（1）：132－139.

［32］金三林，朱贤强．我国劳动力成本上升的成因及趋势［J］．经济纵横，2013（2）：37－42.

［33］蒋伟，赖明勇．空间相关与外商直接投资区位决定——基于中国城市数据的空间计量分析［J］．财贸研究，2009，20（6）：1－6，19.

［34］开元．FDI 对我国产业结构优化的影响——来自 2001～2018 年面板数据的实证［D］．上海：华东师范大学，2020.

［35］刘修岩，殷醒民．空间外部性与地区工资差异：基于动态面板数据的实证研究［J］．经济学（季刊），2009，8（1）：77－98.

［36］刘春艳，赵军．营商环境优化对 FDI 区位选择的影响研究——基于外资准入负面清单的准自然实验［J］．经济体制改革，2022（3）：70－76.

［37］刘凯，朱亚卓，占少梅．东道国劳动力异质性与 FDI 区位选择［J］．国际商务（对外经济贸易大学学报），2016（5）：100－112.

［38］李国璋，戚磊．市场潜力、经济集聚与地区间工资差异［J］．财经科学，2011（5）：71－78.

［39］李斌，胡昆鹏．市场准入、对外开放与工资空间差异——基于入世

后中国省级面板数据的实证分析［J］. 东北大学学报（社会科学版），2011，13（3）：217－222.

［40］吕龙龙，范王榜．国际贸易与城乡居民收入差距的实证研究［J］. 金融经济，2016（4）：31－33.

［41］李亚冰，王会娟，郑舒心．户籍歧视对城乡工资差距的影响——基于两极分解的 Brown 分解法［J］. 系统科学与数学，2023，43（8）：2045－2063.

［42］刘荣添，林峰．我国东、中、西部外商直接投资（FDI）区位差异因素的 Panel Data 分析［J］. 数量经济技术经济研究，2005（7）：25－34.

［43］李国平，陈晓玲．我国外商直接投资地区分布影响因素研究——基于空间面板数据模型［J］. 当代经济科学，2007（3）：43－48，124－125.

［44］李连波．外商直接投资的竞争及溢出效应——来自 2004—2013 年我国 247 个地级市的证据［J］. 学习与探索，2017（11）：161－168，192.

［45］李红梅，聂静怡．对外贸易、FDI 对新疆产业结构调整的影响研究——基于 VAR 模型［J］. 全球科技经济瞭望，2020，35（8）：19－30.

［46］李晓钟，吴甲戌．数字经济驱动产业结构转型升级的区域差异［J］. 国际经济合作，2020（4）：81－91.

［47］李英杰，韩平．数字经济发展对我国产业结构优化升级的影响——基于省级面板数据的实证分析［J］. 商业经济研究，2021（6）：183－188.

［48］李东海．产业结构优化对区域创新效率的影响研究——基于创新价值链视角［J］. 经济问题，2020（10）：120－129.

［49］吕朝凤，毛霞．地方金融发展能够影响 FDI 的区位选择吗？——一个基于城市商业银行设立的准自然实验［J］. 金融研究，2020（3）：58－76.

［50］林宇豪，陈英葵．数字经济与产业结构升级——基于要素流动视角下的空间计量检验［J］. 商业经济研究，2020（9）：172－175.

［51］林黎，钟鑫．生态文明视角下的中国产业结构升级探索［J］. 生态经济，2020，36（8）：221－225.

［52］鲁朝云．新时代广东省产业结构偏离度测算与优化策略［J］. 经济界，2019（2）：55－61.

［53］陆小莉，刘强，徐生霞．中国产业转型升级的空间分异与影响机制

研究［J］．经济问题探索，2021（2）：135－144.

［54］陆雄文．管理学大辞典［M］．上海：上海辞书出版社，2013.

［55］梁学成．服务价值链视角下的服务业多元化发展路径探究［J］．中国软科学，2016（6）：171－179.

［56］孟凡强，邓保国．劳动力市场户籍歧视与城乡工资差异——基于分位数回归与分解的分析［J］．中国农村经济，2014（6）：56－65.

［57］马万里．教育公平下的中国城乡收入差距问题［J］．劳动经济评论，2014，7（2）：52－72.

［58］马晓青．“一带一路”倡议下安徽省产业结构升级对策研究——基于外贸结构与产业结构相互关系视角［J］．产业与科技论坛，2021，20（4）：20－21.

［59］马风华，李江帆．我国服务业结构调整四个维度的测度［J］．经济管理，2016（2）：26－33.

［60］彭如霞，夏丽丽，林剑铭．创新政策环境对外商直接投资区位选择的影响——以珠江三角洲核心区六市为例［J］．地理学报，2021，76（4）：992－1005.

［61］裴耀琳，郭淑芬．资源禀赋约束下生产性服务业集聚的产业结构调整效应研究——基于资源型城市与非资源型城市的对比分析［J］．软科学，2021，35（1）：62－67.

［62］孙梦婕．互联网对地区工资差距的影响［J］．合作经济与科技，2023（6）：97－99.

［63］孙永强，万玉琳．金融发展、对外开放与城乡居民收入差距——基于1978～2008年省际面板数据的实证分析［J］．金融研究，2011（1）：28－39.

［64］孙永强，巫和懋．出口结构、城市化与城乡居民收入差距［J］．世界经济，2012，35（9）：105－120.

［65］孙宁华，姚燕．财政支出倾向、金融市场失衡与城乡收入差距［J］．财经问题研究，2013（8）：41－49.

［66］孙雅琪，张旭．金融集聚、制度环境与产业结构升级——基于动态面板和门槛回归的双重检验［J］．长春理工大学学报（社会科学版），2021，

34 (2): 81-87.

[67] 司秋利，张涛．教育回报、户籍歧视与城乡工资差距——基于无条件分位数回归与分解 [J]．经济问题探索，2021 (5): 37-48.

[68] 沈宏亮，张佳，刘玉伟．产业集聚、FDI约束与产业升级——基于中国工业企业数据的实证分析 [J]．商业研究，2020 (2): 83-90.

[69] 沈迟．继续发挥东部地区龙头作用 [N]．光明日报，2021-11-05.

[70] 宋来胜．湖北省技术创新推动产业结构升级问题研究 [J]．湖北经济学院学报，2021，19 (2): 102-109.

[71] 史安娜，刘海荣．长三角城市群知识密集型服务业的空间极化与辐射分析 [J]．河海大学学报（哲学社会科学版），2019 (3): 29-36，106.

[72] 唐荣，冉珍梅．制造业需求、政府规模与上游生产性服务业发展 [J]．首都经济贸易大学学报，2019 (5): 45-56.

[73] 唐保庆，韩守习，陈启斐．知识产权保护制度促进服务业内部结构升级吗? [J]．现代经济探讨，2018 (1): 69-79.

[74] 谭顺福．中国产业结构的现状及其调整 [J]．管理世界，2007 (6): 156-157.

[75] 王雪辉，谷国锋，王建康．产业集聚、空间溢出效应与地区工资差距——基于285个地级市的面板数据 [J]．云南财经大学学报，2016，32 (4): 54-63.

[76] 王帅，周明生．产业集聚对地区收入差距的影响分析 [J]．经济论坛，2021 (2): 5-16.

[77] 王开科，曾五一，王开泳．中国省域城镇工资水平的区域分异机制与空间效应 [J]．地理研究，2013，32 (11): 2107-2120.

[78] 王开泳，王开科，冯莉．我国地区工资差异决定中的路径依赖特征与锁住效应弱化分析 [J]．经济经纬，2015，32 (5): 1-7.

[79] 王硕，刘刚．外商直接投资对我国产业结构的影响机制分析——基于产业集聚视角的研究 [J]．经济研究导刊，2020 (36): 125-126，141.

[80] 王凯．数字经济、资源配置与产业结构优化升级 [J]．金融与经济，2021 (4): 57-65.

[81] 王雨婷．基于结构方程模型的城镇化对产业结构升级的影响——以

长江经济带为例［J］．经济研究导刊，2020（16）：27－30，36.

［82］王双燕，魏晓平，赵雪英．外商直接投资、环境规制与产业结构高级化［J］．首都经济贸易大学学报，2016，18（1）：26－32.

［83］魏下海，张建武，赵秋运．中国城市工资差距从何而来？——来自202个地级市面板数据的发现［J］．中国劳动经济学，2011，7（1）：1－20.

［84］魏君英，何蒲明．城市化对城乡居民收入差距影响的实证研究［J］．湖北农业科学，2015，54（15）：3800－3805.

［85］魏作磊，陈璋玲．外资银行进入对中国FDI流入影响研究［J］．岭南学刊，2022（1）：98－106.

［86］文荣光，陈勇．粤港澳大湾区视角下的城市群功能分工专业化、异质型人力资本与地区工资差距［J］．岭南学刊，2022（3）：121－128.

［87］文兼武．我国信息技术产业蓬勃发展，动力强劲［N］．中国信息报，2020－02－07.

［88］韦开蕾，张沛键，王继祥．FDI与中国城乡居民收入差距的影响分析［J］．经济研究参考，2014（26）：61－68.

［89］吴新生，梁琦．贸易自由化与FDI区位选择——来自“一带一路”沿线国家的经验证据［J］．东北大学学报（社会科学版），2017，19（6）：571－579，586.

［90］吴燕．外贸外资对我国地区工资差异的影响——基于动态面板模型的分析［J］．技术经济与管理研究，2013（7）：101－104.

［91］温婷．生产性服务业集聚、空间溢出与产业结构升级——基于全国239个地级城市的实证检验［J］．科技管理研究，2020，40（21）：143－153.

［92］熊逍．共同富裕背景下数字普惠金融对我国城乡收入差距的影响研究——基于工资收入差距的中介效应分析［J］．无锡商业职业技术学院学报，2023，23（5）：17－26.

［93］徐雪．FDI在中国的区位选择——对FDI地区不平衡的实证分析［J］．贵州财经学院学报，2010（1）：11－16.

［94］许丽明．外商在中部六省直接投资区位选择的影响因素的动态变化研究［J］．经济经纬，2012（3）：75－79.

［95］熊广勤，殷宇飞．FDI在中国西部地区的区位选择：1998－2011

[J]. 经济问题探索，2014 (9): 62-67.

[96] 肖文，樊文静. 产业关联下的生产性服务业发展——基于需求规模和需求结构的研究 [J]. 经济学家，2011 (6): 72-80.

[97] 夏杰长，肖宇. 以服务创新推动服务业转型升级 [J]. 北京工业大学学报（社会科学版），2019 (5): 61-71.

[98] 杨仁发. 产业集聚与地区工资差距——基于我国269个城市的实证研究 [J]. 管理世界，2013 (8): 41-52.

[99] 杨海生，聂海峰，徐现祥. 我国FDI区位选择中的"第三方效应"——基于空间面板数据的实证研究 [J]. 数量经济技术经济研究，2010，27 (4): 122-136，147.

[100] 杨亚平，周泳宏. 成本上升、产业转移与结构升级——基于全国大中城市的实证研究 [J]. 中国工业经济，2013 (7): 147-159.

[101] 尹向来，史佳璐，张晓青. 中国省域工资水平演变寻踪 [J]. 城市问题，2018 (2): 67-76，83.

[102] 颜建军，冯君怡. 对外贸易、外商直接投资对中国产业结构的影响研究 [J]. 商学研究，2020，27 (5): 91-103.

[103] 余泳泽，潘妍. 中国经济高速增长与服务业结构升级滞后并存之谜——基于地方经济增长目标约束视角的解释 [J]. 经济研究，2019 (3): 150-165.

[104] 张建红，J. Paul Elhorst，Arjen van Witteloostuijn. 中国地区工资水平差异的影响因素分析 [J]. 经济研究，2006 (10): 62-71.

[105] 张林. 中国双向FDI、金融发展与产业结构优化 [J]. 世界经济研究，2016 (10): 111-124.

[106] 张建华，郑冯忆. 服务业结构升级能够推动产业发展吗?——基于有效结构变化指数（ESC）的实证分析 [J]. 改革，2020 (1): 59-75.

[107] 张建涛. 城镇化与收入结构的相关效应研究——基于陕西省的实证分析 [J]. 天津商业大学学报，2017，37 (5): 19-28.

[108] 赵利，张开元，谭雯心，王宇轩. 高校扩招政策是否影响了城乡收入差距?——基于双重差分模型（DID）的研究 [J]. 山东财经大学学报，2018，30 (6): 110-117.

[109] 张立军，湛泳．金融发展影响城乡收入差距的三大效应及检验[J]．上海财经大学学报，2006（5）：83－90．

[110] 张磊，韩雷．电商经济发展扩大了城乡居民收入差距吗？[J]．经济与管理研究，2017，38（5）：3－13．

[111] 张宇．制造业 FDI 与服务业 FDI 区位决策的互动影响——基于我国省际面板数据的实证分析[J]．山西财经大学学报，2012，34（2）：46－55．

[112] 张治栋，黄钱利．产业集聚对产业结构升级的影响——基于空间计量和面板门槛模型的实证分析[J]．当代经济管理，2021，43（2）：57－64．

[113] 张于喆．数字经济驱动产业结构向中高端迈进的发展思路与主要任务[J]．经济纵横，2018（9）：85－91．

[114] 张莎娜，金明，姜永艳．河南省产业结构优化升级测度分析[J]．统计理论与实践，2021（1）：18－23．

[115] 张磊，刘长庚．供给侧改革背景下服务业新业态与消费升级[J]．经济学家，2017（11）：37－46．

[116] 张建华，程文．服务业供给侧结构性改革与跨越中等收入陷阱[J]．中国社会科学，2019（3）：39－61，205．

[117] 周玉翠，陆玉麒，邓祖涛．外商直接投资的区域差异[J]．经济问题探索，2006（3）：41－45．

[118] 周毓萍，崔秀丽．基础设施对外商在中国直接投资影响的实证研究[J]．当代财经，2004（5）：102－104．

[119] 周长富，杜宇玮，彭安平．环境规制是否影响了我国 FDI 的区位选择？——基于成本视角的实证研究[J]．世界经济研究，2016（1）：110－120，137．

[120] 周冯琦．劳动力配置与产业结构之间关系的理论模型分析[J]．上海社会科学院学术季刊，2001（2）：84－90．

[121] 朱文涛，顾乃华．土地价格与 FDI 的区位选择——基于空间杜宾模型的实证研究[J]．国际贸易问题，2018（11）：162－174．

[122] 朱炳钦，李志翠．对外贸易与产业结构关系研究——以广东为例

[J]. 科技和产业, 2020, 20 (11): 153 - 158.

[123] 朱文娟, 王珮. 我国服务业内部经济网络结构及其演变——基于投入产出表和社会网络分析 [J]. 商业经济研究, 2020 (4): 170 - 173.

[124] 朱雁春, 杨巧媛. 生态视角下现代服务业新业态生成机理及发展路径探讨 [J]. 商业经济研究, 2018 (13): 172 - 175.

[125] 赵蕾, 董会忠, 曾文霞. 山东省物流集聚与产业结构升级实证研究——基于协整模型分析 [J]. 山东商业职业技术学院学报, 2020, 20 (3): 6 - 10, 29.

[126] 曾艳. 需求结构与服务业增长的关系研究 [J]. 产业经济研究, 2009 (1): 77 - 78.

[127] Aitken, J. J., Harrison, A. E. Do Domestic Firms Benefit from Direct Foreign Investment? [J]. American Economic Review, 1999 (89): 104 - 131.

[128] Arnold, J. M., Javorcik, B., Lipscomb, M., et al. Services Reform and Manufacturing Performance: Evidence from India [J]. The Economic Journal, 2016, 126 (590): 1 - 39.

[129] Aleksynska, M., Havrylchyk, O. FDI from the South: The Role of Institution Distance and Natural Resources [J]. European Journal of Political Economy, 2013 (29): 38 - 53.

[130] Baltabaev, B. Foreign Direct Investment and Total Factor Productivity Growth: New Macro-Evidence [J]. The World Economy, 2014, 37 (2): 311 - 334.

[131] Blomström, M., Kokko, A. Multinational Corporations and Spillovers [J]. Journal of Economic Surveys, 1998 (8): 247 - 277.

[132] Benito, G. R. G., Gripsrud, G. The Expansion of Foreign Direct Investments: Discrete Rational Location Choices or A Cultural Learning Process? [J]. Journal of International Business Studies, 1992, 23 (3): 461 - 476.

[133] Chenery, H. B., Strout, A. M. Foreign Assistance and Economic Development: Reply [J]. The American Economic Review, 1968, 58 (4): 912 - 916.

[134] Caves, R. E. Multinational Firms, Competition, and Productivity in Host-country Markets [J]. Economica, 1974, 41 (162): 176 - 193.

[135] Clark, C. The Conditions of Economic Progress [M]. Macmillan

Publishing, 1940.

[136] Chin-Lung, K., Wen-Chang, F. Psychic Distance and FDI Location Choice: Empirical Examination of Taiwanese Firms in China [J]. Asia Pacific Management Review, 2009, 14 (1): 85-106.

[137] Dunning, J. H. Multinational Enterprises and the Growth of Services: Some Conceptual and Theoretical Issues [J]. The Service Industries Journal, 1989.

[138] Desai, M. A., et al. Foreign Direct Investment and the Domestic Capital Stock [J]. The American Economic Review, 2005, 95 (2): 33-38.

[139] Drogendijk, R., Martín, O. M. Relevant Dimensions and Contextual Weights of Distance in International Business Decisions: Evidence from Spanish and Chinese outward FDI [J]. International Business Review, 2015, 24 (1): 133-147.

[140] Findlay, R. Relative Backwardness, Direct Foreign Investment, and the Transfer of Technology: A Simple Dynamic Model [J]. The Quarterly Journal of Economics, 1978, 92 (1): 1-16.

[141] Fleisher, B., Li, H., Zhao, M. Q. Human Capital, Economic Growth, and Regional Inequality in China [J]. Journal of Development Economics, 2009, 92 (2): 215-231.

[142] Flores, R. G., Aguilera, R. V. Globalization and Location Choice: An Analysis of US Multinational Firms in 1980 and 2000 [J]. Journal of International Business Studies, 2007, 38 (7): 1187-1210.

[143] Ghodeswar, B., Vaidyanathan, J. Business Process Outsourcing: An Approach to Gain Access to World-class Capabilities [J]. Business Process Management Journal, 2008, 14 (1): 23-38.

[144] Grosse, R., Trevino, L. J. Foreign Direct Investment in the United States: An analysis by Country of Origin [J]. Journal of International Business Studies, 1996, 27 (1): 139-155.

[145] Kugler, M., Verhoogen, E. Prices, Plant Size, and Product Quality [J]. The Review of Economic Studies, 2012, 79 (1): 307-339.

[146] Kuznets, S. Economic Growth of Nations: Total Output and Production Structure [M]. Harvard University Press Publishing, 1971.

[147] Kang, Y., Jiang, F. FDI location choice of Chinese multinationals in East and Southeast Asia: Traditional Economic Factors and Institutional Perspective [J]. Journal of World Business, 2012, 47 (1): 45-53.

[148] Lucas, R. On the Mechanics of Development Planning [J]. Journal of Monetary Economics, 1988, 22 (1): 3-42.

[149] Maurice, K. Spillovers from Foreign Direct Investment: Within or Between Industries? [J]. Journal of Development Economics, 2006, 80 (2): 444-477.

[150] Martin, X., Salomon, R. Tacitness, Learning, and International Expansion: A Study of Foreign Direct Investment in A Knowledge-intensive Industry [J]. Organization science, 2003, 14 (3): 297-311.

[151] Pugatch, M. P. The International Political Economy of Intellectual Property rights [M]. Northampton, MA: Edward Elgar, 2004.

[152] Romer, P. M. Endogenous Technological Change [J]. Journal of Political Economy, 1990, 98 (2): 71-102.

[153] Schultz, T. W. Investment in Human Capital [J]. The American Economic Review, 1961, 51 (1): 1-17.

[154] Venables, A. Equilibrium Locations of Vertically Linked Industries [J]. Anthony Venables. 1996, 37 (2): 341-359.

[155] Watts, H. D. Producer Services, Industrial Location and Uneven Development [J]. The Royal GeographicalSociety, 1987, 19 (4): 353-355.

[156] Xu, X., Sheng, Y. Productivity Spillovers from Foreign Direct Investment: Firm-Level Evidence from China [J]. World development, 2012, 40 (1): 62-74.

[157] Zhang, X. J. Producer Service and the Added Value of Manufacturing Industries, An Empirical Research Based on Various Industries of Different Countries [J]. International Journal of Economics & Finance, 2009, 1 (2): 21-26.

后　记

新常态下，转型升级、提质增效的重要性凸显，服务业已成为推动我国经济结构调整的主要动力之一，服务业结构高级化是实现产业结构转型升级的重要部分。2015 年 11 月 10 日，习近平总书记在中央财经领导小组第十一次会议上首次提出“供给侧结构性改革”。供给侧结构性改革是从提高供给质量出发，用改革的办法推进结构调整，矫正要素配置扭曲，扩大有效供给，提高供给质量和效益。随着服务业各类要素成本进入集中上升期，服务业内部结构高级化重点依托要素市场的优化，这既是供给侧改革的必然要求，更是“双循环”新发展格局的重要支撑。因此，本书从要素视角出发，围绕服务业地区工资差异和服务业外商直接投资探究服务业结构高级化的关键动力，以期破解服务业内部层次偏低的难题。

本书从理论依据、现状分析、实证检验、国际比较等角度全面系统地研究服务业地区工资差异和服务业外商直接投资对服务业结构高级化的影响。具体来说，系统梳理了服务业地区工资差异、服务业外商直接投资与服务业结构高级化的相关文献；解释了服务业地区工资差异、服务业外商直接投资与服务业结构高级化的理论基础；剖析了中国服务业地区工资差异和服务业外商直接投资的时空特征；分析了中国服务业结构高级化的发展现状；多层次检验了中国服务业地区工资差异、服务业外商直接投资对服务业结构高级化的影响；比较研究了美国、新加坡、日本、德国与英国服务业结构高级化的经验；分别从工资上升视角、地区工资差异视角和外商直接投资视角提出了提升中国服务业结构高级化水平的对策建议。

本书依托现代服务业发展与湖南新型城镇化协同创新中心、湖南省现代服务业研究基地以及湖南服务业发展研究中心，紧紧围绕研究主题展开探究。同时，在研究中得到了社会各界的支持。湖南大学、中共湖南省委党校（湖南行政学院）、中国社会科学院等高校和研究机构的专家对本书提出了宝贵意见，在此表示由衷的感谢。

由于水平有限，错误或不当之处在所难免，诚恳地欢迎同行专家和读者批评指正，并提出建议。

长沙理工大学经济与管理学院　陈　洁
长沙理工大学经济与管理学院　梁向东
广东技术师范大学财经学院　陈　颖
湖南财政经济学院经济学院　姚辉斌

2023 年 12 月